税金は「裏ワザ」で9割安くなる

元国税調査官
大村大次郎・著

元国税調査官が明かす
禁断の節税術

まえがき

税金……

経営者の方々、経理担当者の方々にとっては頭の痛い問題でしょう。

この厳しい競争社会の中、会社を維持していくことは並大抵のことではありません。

さんざん苦労して、やっと会社がうまくいったと思ったら莫大な税金が課せられる。そんな悔しい思いをしてきた方も少なくないはずです。

税金は、人見知りが激しいヤツです。知っている人にはとても優しいのですが、知らない人にはとてつもなく冷たい。そして気難しく見えるので、普通の人にはなかなか理解できません。

税金がよくわからない社長さんたちがよくやるのは、なんでもかんでも経費に詰め込むということです。

めったやたらに領収書をかき集めて、経費につっこんでしまう。

もちろん、そんなことをして税金が安くなるものではありません。

税務署員たちは、そういう社長さんたちを舌なめずりしながら見張っています。そして、「これはダメ」「それは違う」と言って、税金をがっぽり巻き上げていくのです。

私も、国税調査官のとき、中小企業の経費を見ては薄ら笑いしておりました。

「こんなものまで経費に入れられると思っているのかねえ」

領収書つづりの中には、スーパーのレシートが入っていることもあるんですから。アジの開きとか、卵とか、納豆とか。それを雑費などとして計上しているんです。

もちろん、そんなものは認められません。意地悪く「この領収書はなんですか?」と社長さんに聞くと、「ええっと、なんだっけかなあ」などととぼけられます。

常識的に考えて、晩御飯のおかずを会社の経費で落とせるわけはないでしょう?

でもね、税金というのは、本当に人見知りが激しい奴ですが、知っている人には信じられないほど親切になるんです。

実は、やり方によっては晩御飯のおかずを会社の経費にすることも出来るんです。ほとんどの人は、そのやり方を知らないだけなんです。

この本は、税金と仲良くなろう、という趣旨です。

もくじ

2章 税務署が手出しできない期末に税金をゼロにする法

3章

社長の多くが4年落ち中古ベンツに乗る理由

4章 「節税生命保険」の甘い誘惑にご用心

5章 抜け穴だらけ？ 消費税を永遠に払わない方法

CONTENTS

6章

知らないと損をする税金の裏知識

本文カット・フカヤマ　ミノル

序章

中小企業の税金はゼロにできる！

税金を使って仕事をしている人が4割。正直者がバカをみる

私は、中小企業は税金など払わなくて良いと思っています。

それでは企業の社会的責任を果たしていないじゃないかって?

そんなことはありません。中小企業っていうのは、存在するだけで立派に社会的な責任を果たしているのです。

どういうことかというと……

日本は現在、巨額の財政赤字を抱えています。

世界でもっとも豊かな国日本、税収もそれなりに入っているはずの日本が借金まみれになっているのです。

なぜだと思います?

少子高齢化のため?

違います。

日本の歳出で、少子高齢化のために支出されているのは、ほんの僅かな割合に過ぎないのです。

財政赤字の最大の原因は、公共事業と補助金なのです。日本は他の国と比べて、公共事業と補助金が異常に大きいのです。2倍とか3倍とかのレベルではありません。5倍、10倍のレベルなんです。

で、公共事業と補助金っていうのは、必要にかられてのものではありません。この本の趣旨ではないので、詳しいことは述べませんが、公共事業と補助金というのは、ほとんどが「だれかの既得権益」を守るために使われているのです。

日本で働いている人の4割くらいは、公共事業か補助金の恩恵を受けているとされています（詳しい統計資料はないのですが、推計するとそのくらいになるのです）。

つまり、日本で本当に働いている人は全体の6割だけであり、あとの4割は税金で仕事を作ってもらっているのです。

なんとバカバカしいことでしょう。

で、日本全体の4割もの人が税金を使って仕事をしているのだから、公共事業や補助金などをまったく使わないで、自力で経営している中小企業というのは、もうそれだけで偉いのです。それ以上、税金なんて払う必要はないのです。

またどんな企業でも、企業として成り立っているのなら、いろんな場所でお金を落としているはずですし、税金をあまり払っていなくても、様々な形で間接的に社会を潤しているわけです。

大きなお金を集めている大企業ならば、納税は社会的責任ですが、中小企業ならば、今の日本では、自立しているだけで十分社会に役立っているといえるのです。

もう一度言いましょう。

日本の中小企業は、税金を払わなくていいのです。税金を使っていないだけで立派なのです。

中小企業は税金なんか払わなくていい！

この十数年の間、大法人や資産家には、大減税が行われてきました。景気を浮揚させるためだといいます。

でも、その反面、中小企業や低所得者には実質増税が続いています。中小企業からは取らないと約束されていた消費税も、ついに免税点が売り上げ高1000万円となり、ほとんどの企業で消費税を払わなければならなくなりました。

なぜこんなことになっていると思います？

大企業や資本家は声がでかいからなんです。経団連やらなんやら、いろんな組織があって、政治に強い発言力を持っています。だから、大企業や資本家の税金は下げられたままになっているんです。

日本の経済を実質的に支えてきたのは、中小企業です。

今の大企業も、最初は中小企業だったのです。初めから大企業だったのは、公的な肝いりで作られた会社のみです。にもかかわらず、中小企業に対しての政策というのは、過酷に過ぎるといえます。

中小企業の税制は、昨今、不利になりつつありますが、しかし今の税法の範囲でも税金を払わずに済む方法はいくらでもあります。

中小企業は、大企業と違って小回りが利くのです。

ちゃんとした対策を講じていれば、少なくとも法人税はゼロにできるのです。ゼロにしてしまうと、世間的に都合が悪かったり、銀行の融資をしてもらえないというのなら、必要最低限の税金を払うべきでしょう。

間違っても、事業に気を取られて思わぬ多額の税金を払う羽目になった、というようなことはないようにしたいものです。

税務署はただの税金取り。節税方法があっても教えてくれない

日本の国民は素直な人が多いのが特徴です。

政治家や役人の悪口を言いながらも、最終的には従ってしまう。彼らもそれなりに考えてやってくれているのだろう、と思ってしまうのです。

でも、こと税金に関する限り、それは通用しないと言っていいでしょう。

「税金は声の大きいものが得をする」

そういうふうになっているのです。

税務署というと、企業や市民が脱税をしていないかどうかを見張っているところ、皆に公平に税金をかけるように日々努力している、正義の味方的な存在と思っている人も多いかもしれません。

でも、税務署というもの、実はただの「税金取り」に過ぎません。一般企業のセールスマンと同じように、少しでも税金を稼げばそれでいい、というタイプの人たちなのです。

税金の申告でもし課税漏れがあれば、税務署員が税務調査に来て、まるで「鬼が島の鬼」のような扱いを受けます。

しかし、しかし、です。

間違って税金を多く払いすぎていたときは、どうなると思います？

税務署は知らんふりを決め込むのです。

たとえば、こういうことがありました。

とある個人事業者の話です。この人、税理士にも頼まずに自分で確定申告書を書いていました。マニュアルなんかで勉強して、一応、自分で申告書を作れるようになっていたのです。

で、この人、世事にうといので、定率減税というものを知りませんでした。定率減税というのは、今は廃止されましたが、所得税の額が20％割り引かれるという制度でした。この定率減税、申告書でいえば一番最後に欄があって、税額から差し引くようになっています。だから、この人が定率減税をし忘れているということは、申告書を見れば一目瞭然なのです。

申告書を受け取った税務署員は必ずこれに気付いたはずです。また税務署内には、申告書のデータをインプットするコンピュータがあるのですが、それは簡単な計算間違いはチェックできるようになっています。

このコンピュータも、一応、コンピュータという名を持っているわけですから、定率減税の間違いなどは、必ずや見つけ出したはずです。

にもかかわらず、税務署からは一切の連絡はありませんでした。つまり、20％を払いすぎたままになっていたのです。

税務署というのは、申告誤りを指摘する役所でもあります。それは何も、課税漏れのときだけではありません。過払いのときも、指摘しなければなりません。

なのに、申告が少ないときには口やかましく言うけれど、払いすぎているときは、ダンマリを決め込むんです。払いすぎた場合は、自分から言わない限り絶対返してくれないのです。

いまどき、相当な悪質通信販売業者でも、こんなことはしません。

だから、税務署を信じればとんでもないことになってしまいます。

フリーランサーや、中小企業の中には、税金の申告を税務署に相談しながら行っている人もいるでしょう。

確かに税務署は無料で丁寧に申告の方法を教えてくれるので、使い勝手はあります。でも税務署は効果的な節税方法を積極的に教えてくれるものではありません。

税務署は、あくまで申告の手伝いをしてくれるだけであり、申告するまでの手続き的な点は、丁寧に教えてくれますが、税金を安くする方法を教えてくれるものではないのです。自分の方から、具体的に「こういう節税は可能ですか」と聞けば、その是非は答えてくれますが、「こういう節税方法がありますよ」とは、なかなか言ってくれないのです。

税務署というのは、納税者に有利なことはなるべくしたがらない、有利な情報は教えたがらない、という性質を持っています。

普通の人は誤解しているかもしれませんが、税務署というのは、税金をどれだけ多く取るか、ということに意思を置いており、納税者のためになるようにとは、あまり考えていないのです。もちろん、納税者から質問されたことに対して、真実の回答はするものの、積極的に節税の手助けは絶対してくれないのです。

くれぐれも、税務署の性質について見誤らないようにするべきです。

吉本興業をみれば「会社の税金をゼロにする方法」がわかる

芸能プロダクションの最大手に吉本興業という会社があります。もちろん、ご存知のことでしょう。

吉本興業は、若手芸人の給料が少ないことで有名です。よく若手芸人が、「ギャラより高い交通費」などとネタにしていますよね。

吉本興業は、「力のない若手に給料を払うくらいなら、税金を払ったほうがまし」という経営方針を持っているそうです。商売のうまい吉本興業のこと、まさか本当に若手芸人に給料を払う代わりに、税金をたくさん払っているというようなことはないでしょう。

この吉本興業の経営方針を逆手に取れば、絶対に会社の税金（法人税）を払わないで済む方法があります。

簡単に言えば、儲かった金を全部、社員に払ってしまうということです。

期末になって利益が出ていれば、その利益を全部、社員にボーナスで払ってしまうわけです。そうすれば利益はゼロになり、法人税はかかってきません。

「社員に払ってしまえば、会社に金が残らないじゃないか」

と思われる社長さんもいるでしょう。まあ、最後まで聞いてください。

社員にボーナスを払うときに、「これは次のボーナスの前払いだ」ということを言い含めておくのです。そして次の年の業績がよくなければ、翌年のボーナスの額を減らすのです。

そうすれば、会社の利益調整になります。

給料というのは、なかなか減らせませんが、ボーナスは簡単に増減できます。就業規則などにも、会社の利益に応じてボーナスを出すと定めておけば、翌年急に下がっても問題はないのです。

利益を出してしまうと、40％が税金として持っていかれてしまうのです。どうせ高い税金を払うならば、社員にボーナスを出して、社員のやる気を出させる方が、費用対効果として益があるといえます。

また決算賞与は必ずしも、そのときに払う必要はないのです。未払い賞与として処理することも可能なのです。

未払い賞与というのは、「払うことは決まっているのだけれどまだ払っていない賞与」のことです。つまりまだボーナスを払っていなくても、それを費用として計上できるのです。

ただし、その場合は、次の3つの要件を満たさなければなりません。

1．決算期日までに、支給額を支給される各人に通知していること

2．決算期日の翌日から1ヶ月以内に支払っていること
3．通知をした事業年度に経費処理をしていること

中小企業は、ボーナスの支払いを決算期にする、というのも、有効な節税策だといえます。

といっても、やっぱり利益を社員に全部渡すのは惜しい、と思ってしまう吉本興業のような経営者もいらっしゃるでしょう。そういう方のための税金を払わないで済む方法を、おいおいご紹介していきましょう。

1章

アジの開きも経費で落とせる

「会社が稼いだ金はオレの金」福利厚生費を使いこなせ

日本の中小企業は、だいたい社長さんが株主を兼ねているオーナー社長です。

資金繰りをつけ、仕事をとってきて、人を集めて……

と、なにからなにまで自分でやっています。

「会社が稼いだ金は当然、オレの金」

社長さんなら、そう思いたいはずです。

いかんせん、日本国には税金というものがありますので、すべてがオレの金というようにはいかないものです。

法人税法では、会社が儲かった金をすべて経営者が報酬としてもらうことは出来なくなっています。いや、もらうことは出来ても、多額の税金がかかってしまいます。

でも中小企業の社長さんは、うまくやれば会社の金を自分の自由にすることはできるんです。

法律にのっとって、ちゃんとした手続きを経れば、実質的には「会社の金はオレの金」になるのです。

スーパーの惣菜の領収書、アジの開きの領収書だって、やり方によれば会社の経費で落とすことも出来るんです！

「そんなこと出来ないだろう？　大村ってやつは口からでまかせが多い奴だ！」

などと思ったあなた。

失礼ですねえ。

ほんとに、アジの開きでも経費にすることは出来るんです。

具体的に言えば、福利厚生費などをうまく使う事です。

詳しくは後ほど述べますが、福利厚生費では、一定の条件を満たせば社員の食事を出すことも出来るんです。社員っていうのは、もちろん役員や経営者も含めて、です。

だから、社長とその家族でやっている会社が、家族の食事代を会社の経費で落とすことだって出来るんです。

福利厚生費というのは、会社の従業員の福利厚生などにかける費用です。この福利厚生費は、役員報酬のように1年間にどれだけ、という制約はありません。

だから儲かったときには、たくさん福利厚生費を使い、儲からないときには減らす、利益調整弁となりうるのです。

中小企業の場合、あまり福利厚生費をうまく使っていません。

「福利厚生費など、金に余裕のある大企業のものじゃないの」

と思っている人も多いかもしれません。

それは全然違います。小回りの利く中小企業こそ、福利厚生費の長所を生かせる、というものです。

夜食なら年間18万円も節税。アジの開きも経費で落とせる

福利厚生費には、会社が社員の食事代を出した場合、経費として認められるものがあります。

これを使えば会社の経費で食事ができることになります。そして、会社から出してもらった食事代は、社員の給料とはならないので、所得税が増えることもありません。

またこれは、会社の人数に制限があるものではないので、経営者一人しかいない会社でも適用できます。

会社の経費となる食事代には、まず夜食代があります。

残業した人の食事代を会社が負担した場合、それは福利厚生費として支出できるのです。

デザイナーなど、クリエイト系の仕事をしている人は、夜遅くまで仕事をすることも多いでしょう。

そういう会社ではぜひこの節税策を活用したいものです。

月の半分以上残業して、毎回1000円程度の夜食をとっていれば、それだけで月1万5000円、年間18万円にもなります。これを自分の財布から出すか、会社の経費から出すかでは、かなり大きな差があるといえます。

たとえば、夫婦でやっている会社があります。毎日、夜遅くまで働いている。奥さんが、近所のスーパーで惣菜を買ってきて、夜食をつくる。それを会社から出した夜食として、処理するのです。

アジの開きが経費になる、というのはこういうことなんです。

また夜食に限らず、通常の昼食代でも、「従業員が半分以上払うこと」「月3500円以内」という条件を満たせば、非課税となります。

つまり毎月3500円までは、昼食代として支出できるのです。年間にすると、一人あたり4万2000円になり、馬鹿になりません。

ただし、この場合、3500円を単に現金として社員に払えば、給料となってしまうので注意を要します。非課税となるのは、会社を通じて仕出しや出前などを取ってもらった場合のみです。

また夜間勤務の場合、出前などは取らなくても、1回300円までの食事代の現金での支給は福利厚生費の範囲内となります。

福利厚生費で社員の食事代を支出するには、特別な手続きはいりません。会社の決まり、ということになっていればOKです。

でも会社の決まりということを客観的に証明するために、念のため就業規則に定めておいた方がいいでしょう。

ポイント

・社員の夜食代は会社の経費で落とすことができる。
・その夜食代は社員の給与にも加算しなくていい。
・昼食代は、社員が半分以上を出すことを条件に、月3500円までは会社から出すことができる。
・ただし、現金では支給出来ないので、出前や仕出しになる。

ローリング・ストーンズのライブチケットも経費で落とせる

ローリング・ストーンズ、60歳過ぎてもパワフルなステージ、お父さんたちの星ですな。

「オレも昔からストーンズが好きでなあ」

社長さんの中にも、ストーンズを語りだしたら止まらないという人もいるでしょう。

このローリング・ストーンズ、昔は麻薬関係で日本には来れませんでしたが、最近はときどき来ますねえ。今度、来日するときには行きたいと思っている社長さん、いいことをお教えしましょう。

ローリング・ストーンズのチケット代が会社の経費で落とせるんです。ストーンズに限らず、コンサートチケット、観劇費用というのは会社の経費で落とすことも出来るんです。

まさかあ、と思ったあなた。

福利厚生費の威力を軽く見てはいけません。

福利厚生費というのは、社員の勤労意欲を増すために支出する費用です。で、どんな支出が福利厚生費になるのか、という明確な線引きはないんですよ。役所の福利厚生で観劇などもあるので、コンサートももちろん大丈夫でしょう。

福利厚生費で気をつけなくちゃならない点は、一部の社員のみが対象になっていてはダメ、ということです。ですから逆に言えば、社長さん一人しかいない会社では、社長さん一人で行ってもいいわけです。他に社員さんがいる場合は、皆に同等の福利厚生をしなければなりません。

またあまりランダムに、「行きたいときに行く」という感じもマズイでしょう。年何回とか、ある程度、決めておいたほうがいいです。

一番いいのは、就業規則にきちんと定めておくことです。

「この会社では社員に年に何回、観劇費用を出す」

というふうに。

そういう義務はないんですが、税務署から文句を言われないために。

「ストーンズはオレの青春。ストーンズのライブくらい会社の金じゃなく、自分の金で行きたい」

まあ、それもいいでしょう。ただ彼らはとてもビジネス感覚、節税策に長けていたということも忘れずに。

ポイント

・コンサート、観劇などの費用は福利厚生費で落とせる。
・福利厚生費は、社員がすべて平等というのが条件。

自腹で通うのは無駄。スポーツジムに会社の金で行く

前項では、会社の経費で夜食代などが落とせることを紹介しましたが、スポーツジムなどの会費も会社の福利厚生費で落とすことが出来ます。

これは、もう常識ですね。

スポーツジムに通っている社長さん、まさか自腹じゃないでしょうね？　そんな無駄な事をしてはいけませんよ。

入会金は資産として計上しなければなりませんが、月々の会費は、福利厚生費として損金処理することができます。

また、スポーツジムを利用する社員にも給料扱いにはされないので、所得税もかかりません。

これは、経営者一人の会社でも当然、適用できるものです。

ただし、役員など特定の人しか利用できない場合は、その特定の人の給料になり、所得税がかかります。経営者一人の会社でも、もし社員が入ってくれば、その社員も利用できることになっていなければならないのです。

スポーツジムの会費を会社の経費で落とすのにも、特別な手続きはいりませんが、就業規則に記載しておくほうがいいでしょう。

特に、経営者一人でやっているような会社は、個人的支出と会社の経費との区別に関して、税務署は厳しくチェックするので、その点は厳密にしておくに越したことはないのです。

ポイント

- 社員すべてがスポーツジムを使えるようにしていれば、その会費は会社の福利厚生費として損金処理することができる。
- ただし入会金は資産に計上しなければならない。

英会話学校も自動車教習所も会社の金で行ける

昨今の国際化時代、外国語の一つや二つ話せないと、経営者としては失格です。などと偉そうなことを言っておりますが、私は英語ほとんどわかりません。英会話スクールに入ってみましたが、あっさり挫折してしまいました、はい。

私のようなヘタレの話は置いておいて、優秀なビジネスマンの皆様のこと、英会話スクールに通っている方もいらっしゃるでしょう。

この英会話スクールの費用、実は会社の経費で落とせるんですよ。ご存知でしたか？

法人税法では、社員が会社の業務に必要な知識、技能を身につけるための費用は、経費として認められているんです。なんか、ややこしい言い方をしましたが、要は会社の仕事に関係ある学校ならば、費用は会社が出していいよ、ということです。

「会社の業務に英会話は関係ないよ」

などと、思ったあなた。諦めるのは早いです。

今の時点で、英語を使った業務をしていなくても、将来そういうことがあるかもしれないでしょう？

近い将来、外国企業と取引するかもしれないんだし、日本中の会社はどこもそういう可能性を持っているはずです。日本固有の料理である寿司の職人さんでも、英会話を習っている人は多いんです。外国人観光客が来たときのために。

だから、あなたの会社もいつなんどき外国の方々と付き合うことがあるかもしれないんだから、英語が関係ないということはないんです。税務署が文句を言ってきたら、ぜひそう言い返してください。

で、英会話に限らず、いろんな学校、講座の費用も会社から出すことが出来ます。会社の業務に少しでも関係のあるものだったら。

たとえば、自動車教習所。若い頃、免許を取りそこねていた人もいるでしょう？　そういう人はぜひ会社の経費を使って、免許をとってください。

経理の学校とか行っている人も、全然大丈夫です。経理は会社の業務に直結しますからね。

会社が儲かったときは、新しい知識や技能を身につける投資をするのもいいかもしれませんよ。

節税にもなって一石二鳥ですから。

ポイント

・少しでも会社の業務に関係する分野の就学費用は会社から出すことが出来る。

飲食代が1人5千円以内なら全額、経費に計上できる

「ここは俺が払うよ、いつも出してもらってるから」
「いや、いいよ、俺が出すって。経費で落ちるから」
「そう、いつも悪いね」

飲み屋の支払いで、よく見る風景です。

一度でいいから「経費で落ちる」って言ってみたい、もし自分が会社を作ったら、絶対会社の経費で酒を飲むぞ、と固く心に誓って会社を興した方もいるのではないでしょうか？

でも、会社を作った方はわかると思いますが、そう簡単には経費で酒が飲めるものではありませんよね。

接待交際費って、原則として会社の経費としては認められていません。中小企業は、4

00万円を限度に、交際費が認められていますが、それも全額じゃなくて90%だけですからね。400万円交際費を使ったら、360万円しか経費に出来ませんからね。

でもやっぱり社長さんなんだから、会社の経費で酒を飲みたいですよね。

その方法をいくつかご紹介しましょう。

まず一つが、飲食代を一人5000円以内に抑える方法。

平成18年度の税制改正で、飲食代が一人5000円までならば、交際費に算入しないでいいということになりました。なんだかややこしい話ですが、要は一人5000円以内の飲み食いならば、全額経費に計上していいってことです。

これは、社内の人間だけの飲み会では適用できません。だから、家族企業が家族で飲食したり、社長さんが一人で飲みに行ったりするときには使えないのです。

またこの制度を使うためには、参加者名、金額、店の連絡先などを記録した書類を残しておかなければなりません。面倒なことですが、会社の金で酒を飲めるんだから、それくらい我慢しましょう。

「一人5000円だったら、あまり飲めないじゃないか」

「5000円を超えないようにビクビクしながら飲むのは嫌だなあ」

と思った、あなた。かなりの飲兵衛ですね。そういう方々も、心配せずに飲める方法をお教えしましょう。

この制度は、平均して一人5000円以内に収まればいいのです。たとえば、4人で飲んだ場合には、合計が2万円以内に収まっていればいいのです。

だから、店の人にあらかじめ相談して、5000円以内に収めてくれるように頼んでおくのです。なじみの店だったら、「今回だけは、一人5000円以内にしておいてよ。今度また来るからさあ」などと耳打ちしておけば、心配しないで飲むことが出来ます。

ポイント

- 一人あたり5000円までの飲食費は経費で落とせる。
- 社内の人間だけの飲食はダメ。
- 必要事項を記載した書類を残さなければならない。

会議費を利用すれば会社の金で酒を飲める

会社の金で酒を飲むもう一つの方法は、会議費を利用するというものです。

会議費っていうのは、その名の通り会議にかかる費用のことです。この会議費って、若干の飲食費なら認められているんです。

食事代だけじゃなくて、酒代も。

日本の場合、大事な会議でも酒を飲みながらってことがけっこうありますからね。お上も、それを認めてくれているわけです。

でも、飲食代を無制限に認めているわけではなく、「社会通念上の会議の範囲内」ということになっています。

なんとも日本的な、あいまいな表現ですなあ。

基準としては、一人ビール1～2本、ワイン数杯程度ということになっていますが、厳密にビール2本までというわけではないんです。

で、気をつけなくてはならないのが、場所の問題です。

「会議費」でありますから、会議にふさわしい場所じゃなくてはならないのです。居酒屋ではちょっとまずいかな。

小料理屋？

それもちょっとまずいかもしれません。

レストランとか、ホテルとか、その辺じゃないと。一応、会議ですから。

「ちょっと、いい食事をしたいなあ」

というときに、なんか会議を作って一杯飲みながらやるってのが、妥当な使い方かもしれません。

そして、議事録とか、会議出席者の氏名とかは記録に残しておいたほうがいいでしょう。

一応、会議ですから。

ポイント

・会議費は、飲食費も出すことができる。
・けれど会議にふさわしい場所じゃないとダメ。

接待交際費は使い放題。個人事業者の「裏ワザ」とは？

それともう一つ。

これは裏ワザなんですが、「法人組織にしないこと」です。もう事業を法人にしてしまっている人は使えないいんですが、個人事業としてやっている人、今から事業を始めようと思っている人は、聞いておいてください。

あまり知られていませんが、所得税というのは法人税のような交際費の制限がないんです。法人税では大企業は交際費は損金経理できませんし、中小企業も損金経理にできるのは400万円までで、しかも全額ではなく90%です。

しかし、しかし、所得税にはそういう〝しばり〟がありません。ということは、個人事業者は、交際費が使い放題なのです。

もちろん、事業にまったく関係ない飲食代を交際費にすることは出来ませんが、事業に関係するものである限り、無制限に認められるのです。

「酒を飲むのが仕事」

というような職業ってけっこうありますよね？

収入の大半は、酒代に消えてしまうような人っているでしょう？

編集者なんかでもそういう人、多いです。作家やライターなどと毎日のように酒を飲んで、それが仕事に結びついてるっていう。マスコミ関係や、広告業界なんかではそういう人が多いですね。

だからフリーの編集をしている人、広告代理業をしている人などは、法人組織にせずに、個人事業にするっていうのも手かも知れません。

ポイント

・個人事業者は接待交際費は使い放題。
・事業に関係する飲食代はすべて経費で落とせる。

携帯電話代を自分で払う？　そんなことをしてはいけません

忙しいビジネスマンの方々、最近は携帯電話を2～3台持っている方も珍しくありません。

さて、この携帯電話、会社に出してもらうことが出来ます。これもほぼ常識ですね。

携帯電話代、自分で払っている？

そんなことをしていてはいけません。

携帯電話は、私用で使う事もありますが、少なからず仕事で使うはずです。大企業でも携帯電話を会社から支給しているところも多いです。

携帯電話代を会社が持つことは問題ないのです。

携帯電話代を会社が持てば、けっこう節税になります。

たとえば１ヶ月１万円として、年間12万円の携帯電話代を自分の給料から払えば、所得税、住民税含めて１万５０００円の税負担となります。

しかし、会社にそれを負担してもらえば自分の１万５０００円の節税となると同時に、会社も５万円程度の節税になります。

「といっても、携帯電話はすでに個人契約しているしなあ」

という人もおありでしょう。

ご安心ください。すでに携帯電話を持っている場合は、会社がそれを借りている（業務で使わせてもらっている）ということにして、賃貸料を払えばいいのです。通常、会社が携帯電話を保持し、社員に貸与するときにかかる代金程度であれば、ＯＫです。

ポイント

・携帯電話代は会社から出すことができる。
・すでに個人契約している場合は、会社が個人から借りるという形にして、賃貸料として携帯電話代を支出する。

本や雑誌も会社の経費で落とせば40％も節税できる

読書好きな社長さん、多いと思いますが、本っていうのはかなり広い範囲、会社の経費で落とすことが出来ます。

書籍は、費用として認められる範囲が広いのです。費用として認められる書籍は、会社の業務に直接関係あるものだけではありません。ほんの少しでも仕事に関係のある本ならば、ＯＫなのです。

どんな本でも、「情報収集」になりうるからです。週刊誌などでも、重要な情報源ですから、当然、費用として認められます。

業界や世間の動向をつかむためや、一般知識を得るなどの研鑽のために、買った本や雑誌、もちろんＯＫです。

本代を会社の経費で落とせば、けっこう節税になります。本1冊は1000円程度でも、読書家の方は、けっこう本買いますからねえ。

たとえば、月5000円、書籍代に使っている場合、年間6万円、これを自分の給料から払えば、最低税率の人でも、所得税、住民税含めて8000円程度の税金がかかっています。

でも、その分を会社の経費で落とせば、会社の税金が2万4000円、自分の税金も8000円安くなります。

買った本の領収書は会社に提出しなければなりません。本を買ったときには、領収書をもらうかレシートを取っておく癖をつけましょう。

ただし、いくら経費として認められる範囲が広いからといって、あまり調子に乗るといけません。ついこの間も、どこそこかの政治家がエロ本を事務所経費で落としていたのが見つかりましたからねえ。

最近のレシートは、本の種類までちゃんと出てくるものもあるので、気をつけましょうね。

この本は経費で落とせるかって？

もちろんです！

ポイント

・会社の業務に少しでも関係する書籍代、雑誌代は会社の経費で落とすことができる。

自宅用パソコンを会社の金で買うと1台で10万円の節税に

期末になって税金の多さに慌ててしまう。中小企業の経営者ならば、一度や二度はそういう目にあったことがあるでしょう。

なかなかいい節税策が思い浮かばない。そういうときはパソコンを買うという方法もあります。

何百万円、何千万円の税金ならば無理ですが、数十万円くらいの税金ならばかなり抑えることができます。

「パソコンはもう会社にあるよ、この前買ったばかりだよ」

という社長さん、もう少し話を聞いてください。

経費で落とせるパソコンは、何も会社に備え付けてあるものだけではありません。自宅で使っているパソコンも会社の経費で落とすことが出来ます。

仕事や日常生活の情報収集で、パソコン、インターネットは欠かせないものです。いまどき、会社のものだけでなく、自分でもパソコンを持っているという人がほとんどでしょう。

パソコンというものは、2年たつともう古いものになり、頻繁に買い換えなければなりません。だから、会社の利益が出たときには、思い切ってパソコンを買い換えるのです。

もちろん、完全なプライベートのパソコンを会社の経費で落とすことは出来ません。少なくとも建前上は出来ないことになっています。

やっている人もいますけどね。公務員なんかでも、役所のパソコンを自宅に持ち帰ってしまっている偉い人がけっこういます。

自宅で仕事をやっているのかって？　いや、その人たち、パソコンはゲームしか出来ません。

おっと、話がそれてしまいましたが、会社の経費で落とすには、会社の業務で使うもの、という制約があります。

でもパソコンって、自宅に置いてあるものでも、仕事で使うでしょう？　仕事でまったく使わないってことはないでしょう？

だから自宅に持ち帰ったとしても、パソコンを経費で落とすことは出来るのです。

で、パソコンの場合、ローンで買うことも出来ますよね？

もし期末にローンで買えば、会社からまったくお金が出て行かずに、30万円近くの経費を作る事が出来ます。

たとえば、期末になって利益が50万円出る事がわかったとします。

小さな会社にとって、50万円の利益ってのは大変なものです。税金で20万円くらい持っていかれますからね。下手したら、給料1ヶ月分です。

で、期末のギリギリになって28万円のローンでパソコンを買いました。となると、28万円を一括して経費落とせるので、利益は22万円になります。

税金は9万円弱です。

少しは税金を払っていたほうが、銀行の融資などを受けやすいので、このくらいは払っておいたほうがいいでしょう。

で、ローンで購入しているので、会社のお金は一銭も出て行っていません。にもかかわらず10万円以上の節税が出来たのです。

こういう具合に、パソコンはプチ節税にはうってつけだといえるでしょう。

気をつけなくてはならない点は、パソコンの購入費を30万円以内におさめることです。

現在、特例により中小企業の場合は、30万円以内の固定資産は、減価償却せずに、一括して経費で落とすことが認められています。平成20年3月31日までの特例なので、急がなくては。延長されるかもしれませんけどね。

それと、30万円というのは、パソコンの周辺機器も含めての値段です。パソコンが仕事で使える状態にするには、ソフトとか、プリンターとかも別途必要なことがありますよね？　それを全部含めて30万円以内におさめなくてはならないのです。

まあ、最近のパソコンは30万円も出せば、相当いいものが買えますし、周辺機器も揃えられますからね。

で、パソコンはあくまで会社の備品になりますから、その点は忘れずに。

「この経費に計上しているパソコンはどこにありますか？」

って税務署の人に聞かれたら、いつでも見せられるようにしておかなければなりません。

他人に貸したりしちゃ駄目ってことです。

ポイント

・自宅に置くパソコンでも、会社の業務に関係あるものならば会社の金で買うことができる。
・購入費が30万円以内であれば、一括損金経理ができる（平成20年3月31日まで）。

会社の金で家を買う。会社の金はオレの金にする究極の方法

「会社の金はオレの金」にする究極の方法は、会社の金で自分の家を建てるということでしょう。

会社の金で自分の家を建てるといっても、家の名義は会社にしておかなくてはなりません。でも会社の株を持っているのは自分なんだから、実質的に家も自分のものです。家を会社名義にすれば、家にかかる固定資産税や借入金の利子なども、会社の経費で落とすことができます。

自分の名義で家を買った場合は、固定資産税や借入金利子は、当然、自分の給料の中から払わなくてはならないので、かなりの節税効果となります。家を買おうと思っている小規模会社の経営者は、ぜひ、この方法を使うべきでしょう。

もうすでに家を持っている人も、その家を会社に売却して会社名義にするという方法もあります。ただこれはちょっと面倒で、それほど節税にはなりません。

また現在、賃貸住宅に住んでいる人は、会社の借り上げにしてもらう、という手があります。会社が賃貸住宅を借り上げて、そこに社宅として住まわせてもらう、という形態を

とるのです。

会社は、賃貸住宅の家賃を経費で落とせますし、借りる方は家賃が格安になります。両方に相当の節税効果があります。

会社の金で家を建てたり、賃貸住宅を会社の借り上げにしてもらうには、気をつけなくてはならない点があります。家を会社名義にした場合、次に挙げる金額以上の家賃を毎月会社に払わなければならないのです。

また床面積が240平方メートル以上で、プールなど豪勢な設備がついている場合は、時価相当の家賃を払わなければなりません。

●一般住宅の場合

(家屋の固定資産税課税標準額×12%＋敷地の固定資産税課税標準額×6%)÷12

●小規模住宅の場合

(床面積が132㎡以下、木造以外では99㎡以下)

家屋の固定資産税課税標準額×0・2%＋敷地の固定資産税課税標準額×0・22%＋

12円×床面積÷3・3

会社の業務にすれば会社の金でどこにでも旅行できる

旅行もうまくやれば会社の金で行く事ができます。

これには二つの方法があります。

まず一つ目は、旅行を会社の業務ということにする方法です。会社の業務であれば、当然、旅行代は会社の金で出すことができます。

「でも会社の業務で旅行するんだったら、出張と同じじゃないか？」

ええ、まあ建前はそうです。出張です。

でもただの出張ではなく、あなたの行きたいところに、「出張として」行くのです。

よくテレビ番組で「ご褒美ロケ」というのがありますよね？

ハワイとかグアムとかで、ロケをやって、出演者のご褒美をかねてロケをするってやつです。あれと同じ事を、あなたの会社でやるのです。

ビジネスが国際化している昨今、海外に行こうと思えばなんとでもこじつけられます。

「中国に進出したいので、その視察をした」

「東南アジアの市場を開拓したいので調査のために」

などということにすれば、それを覆す事はなかなか出来ません。

つうか、お役人もそういうことを時々やっているんで、他人の事はいえないはずだし……おっと口がすべってしまった。聞かなかったことにしてください。

ただし、会社の業務なんだから、一応会社の業務という体裁は整えなくてはなりません。会社の業務に関係する視察も行わなければなりませんし、出張中の記録も残しておかなければなりません。

　またもちろん、家族や愛人などを同伴しても、自分の分だけしか旅費は出せません。家族が社員だった場合は、旅費は出せますが、これも会社の業務という建前は作っておかなければなりません。

ポイント

・会社の業務でなら、どこに旅行しても会社の経費で落とせる。
・会社の業務という建前は崩せない。

4泊5日以内なら家族社員旅行も経費で落とせる

それともう一つの方法は、社員旅行として旅行に行くのです。

社員旅行というのは、一定の条件さえクリアしていれば、全額を会社の経費で落とすことができます。条件というのは、4泊5日以内であり、社員の50％以上が参加するというものです。海外でもOKです。

家族だけでやっている会社は、家族社員だけで旅行することもできます。家族だけの会社は、社員旅行をしてはならない、という規則はありませんので。

ただし、社員以外の家族が一緒に行く場合は、その分の旅費は出せませんので、あしからず。

この社員旅行費用は、社員にとっても非課税なので二重の節税になります。

たとえば、タイのバンコクに社員5名で4泊5日の社員旅行をします。旅費の1人12万円、合計60万円は、もちろん会社持ちです。

これをもし、自分の金で行ったとすると、そのお金は自分の給料から出すわけなので、最低でも1人2万円近くの税金がかかっていることになります。また会社は60万円が利益に上乗せされますので、24万円の税金がかかってきます。合計の税金30万円。

だから、この社員旅行をすれば実に30万円もの節税策になるといえるのです。

社員旅行をするのには、特別な手続きはいりません。が、一応、就業規則のなかにうたっておいたほうがいいでしょう。家族でやっている企業の場合は、税務署からいろいろ難癖をつけられる危険がありますからね。

ポイント

・4泊5日以内の社員旅行は、全額会社の経費で落とせる。
・家族だけでやっている会社でも社員旅行をすることはできる。

個人契約した生保を解約して会社から生保に入り直す

中小企業の経営者の方などは、多額の生命保険に入っているケースが多いでしょう。この生命保険の掛け金、自分の財布から出す必要はありません。

会社の経費で落とせばいいのです。

会社から入る生命保険は、掛け金を会社が払い、受取人が本人（もしくは本人の家族）

になっていれば、給料として取り扱われますが、受取人が会社になっていれば、会社の経費とすることができるのです。

生命保険金を会社が受け取るのなら、生命保険の意味がないじゃないか、と思われるかもしれませんが、会社が一旦受け取ったあと、本人（もしくはその家族）に退職金などとして払えばいいのです。

また社員全員にかけてある生命保険であれば、受取人が社員かその家族であっても、福利厚生費で落とすことが出来ます。この場合、役員などの一部の社員しか加入されていない場合は、会社の経費とは認められずに、本人の給料扱いとなるので注意を要します。どうせ生命保険に入っているのならば、会社の経費で落とした方が得だし、節税になります。

期末に思わぬ利益が出たときに、個人契約した生命保険を解約し、会社から入りなおすというのも手でしょう。

生命保険には積立金（生存受取金）が付随しているものが多いのですが、会社からこの生命保険に入った場合、積立金部分は資産として計上しなくてはならないので注意を要します。

第4章で紹介しますが、生命保険会社では、会社の節税のための商品を開発していますが、実質的にはあまり使えません。

生命保険は、大きな節税目的のためではなく、「自分の生命保険代を浮かす」くらいの見方をしていたほうがいいでしょう。

ポイント

・会社が受取人であれば、社員の生命保険を会社の経費とすることができる。
・ただし一部の社員（役員など）を対象にしたものではなく、原則全社員の保険を掛けなくてはならない。

愛人も監査役にすれば経費で落とせる？

男たるもの人生で一度くらいは愛人を持ってみたいものでしょう？　え、私だけ？　そんなことないでしょう、社長さん。

愛人っていうのは、だいたい金がかかるものです。金のかからない、むしろ金を貢いでくれる愛人っていうのもいるらしいですが、おそらく大多数の愛人は金を吸い取る方だと思いますので。

で、その金のかかる愛人、会社の経費でなんとかしようと思ったりしてませんか？　毎月の愛人手当を会社の経費で落とせないものか、と。

落とせるかどうか、端的に言うと答えはもちろん、ノーです。いや、私としてはノーというしかないです。

実際にはよくいますけどね、会社の社員ということにしておいて、給料という形で愛人手当を払うパターン。

日本を代表する大財閥の御曹司がそれをやっていて、国税から追徴をくらったこともありました。この場合は、たくさん金持ってるんだから、自分のポケットから払えって話ですが。

で、愛人に給料を払いたかったら、ちゃんと社員として働いてもらえばいいんです。会社の仕事をしてもらって、その対価として給料を払う分にはまったくお咎めはありません。奥さんからのお咎め以外は。

「会社には妻がいるし、愛人を社員にするわけにはいかないなあ」

という社長さんもいるでしょう。

その場合は、愛人を非常勤役員にするっていう手もあります。監査役かなんかにしておくのです。

月20万円くらいなら、なんとか誤魔化せるでしょう。

でも税務署が、愛人関係まで見破ったら否認されますよ。

それと役員にした場合、登記簿に載りますからねえ。それで奥さんにバレないのなら、やってみたら、という感じですね。

2章

税務署が手出しできない期末に税金をゼロにする法

家族を社員にして人件費を分散。家族企業の利点を生かせ

私が税務調査をした会社にこういうのがありました。

家族だけでやっているような小さな水道工事業者、社長の報酬は400万円程度。30歳代だった私よりも少ない。

会社は税金をほとんど払っておらず、社長も報酬が少ないので税金はあまりかかっていません。

でも家はけっこう大きくて、車もいいのを持っています。生活レベルとしては、全然、私よりは上で、金持ちと言ってもいいくらいです。

なぜこういうことが起きるのか、というと……

この会社は、家族企業の利点を十二分に生かしていました。

家族企業の最大の利点は、家族をみな社員にして人件費を分散させることです。個人の税金は、所得が増えるほど税率が高くなる「累進課税」となっています。

だから、一人が高い給料をもらうよりも、少ない給料をたくさんの人数でもらう方が、税金は断然安くなるのです。

芸能人が売れてくると、自分で会社を作って身内を社員にするのは、この節税方法を使うためなのです。

ただし、まったく仕事をしていないのに、給料を払っていれば、税務署から否認される恐れがあります。

だから、家族に給料を払う場合は、なんらかの業務を与え、仕事をしているという証拠を明確に残しておかなければなりません。

この会社の場合、現場は社長と父親の二人でやって、経理は妻がしており、母親が事務所の清掃やお茶だしなどをしていました。

一人に200万円払ったとしても、社長の報酬と合わせれば合計で1000万円です。1000万円といえば、一介のサラリーマンならば高給取りの部類に入るはずです。

さらにこの会社では高校生と中学生の子供が、休みのときにはアルバイトにきます。子供の小遣いも会社が賄っているというわけです。

でも一人一人の収入は少ないので、税金はあまりかからない。この家族の税金の合計は、私ひとり分の税金よりも少なかったのです。

なんとも癪にさわる話ではありますす。

期末に利益が出たら家族社員にボーナスを出す

この会社、さらに賢いことには、期末に利益が出た分だけ家族の社員にボーナスを払っているのです。

経営者がボーナスをもらえば、役員賞与ということになり、税務上経費とは出来ません。そのため、会社で働いている妻にボーナスを払おうと思うかもしれませんが、これもＮＧです。妻の場合、役員になっていなくても、会社の経営に関与しているとみなされ、妻へのボーナスは、役員賞与とされる傾向にあるのです。特に、妻が経理を担当しているような場合は、妻にボーナスを払うことはまず無理です。

その代わりに、自分や妻以外の社員にボーナスを払うのは問題ないのです。役員ではなく、経営に関与していない家族ならば、普通に社員として扱われるのです。

そのためにも、家族を会社の社員にしておくと便利なのです。

ポイント

- 中小企業は家族を社員にすれば大幅に節税できる。

・家族が社員の場合、仕事をしている記録を残しておく。

報酬や退職金でこんなに節税。身内の非常勤役員を賢く使う

この会社がさらに、さらに賢いことに、叔父を監査役として非常勤役員にしていたのです。

毎月10万円、年間120万円。この程度の報酬であれば、会社にほとんど来ないとしても、税務署としては文句のつけようがありません。

会社に非常勤役員を置いておくことは、非常にメリットがあることなのです。

この会社の場合、報酬だけで会社の利益を120万円も減らす事ができます。この120万円は身内に行くわけですから、身内に会社の金を残す事ができるわけです。

小さな会社であれば、120万円も利益を減らせば相当な節税になります。

また会社が予想以上に大きな利益をえた場合は、非常勤役員を退職させ、その退職金を払うことで節税する、という方法も使えます。非常勤役員でも退職金ならばそれなりの額を出すことができます。

勤務年数にもよりますが、10年程度勤務していれば、1000万円程度は出せるでしょ

う。

会社を作ったときに、家族や親族など近しい人を自社の非常勤役員にしておきましょう。

ポイント

・家族や親族など近しい人を会社の非常勤役員にしておけば様々な節税方法を使える。
・会社が大きな利益をあげたときは、非常勤役員を退職させ退職金を払うことで、大きな節税ができる。

社長の税金を減らす裏ワザは小規模企業共済を利用する

さて、この社長さん、家族に給料を分散しているといっても、４００万円の報酬をもらっています。年収４００万円で、奥さんも働いているのであれば、それなりに税金がかかります。

でもこの社長さん、当時の私よりも税金は少なかったのです。

なぜかというと、中小企業の社長の税金を減らす裏ワザを使っていたのです。

どういうことかというと、「小規模企業共済」に入っていたのです。

小規模企業共済というのは、小規模企業（法人や個人事業）の経営者の退職金代わりに設けられている共済制度です。

毎月、お金を積み立てて、自分が引退するときや事業をやめるときに、通常の預金利子よりも有利な利率で受け取ることが出来るものです。自営業者を対象としたものですが、中小企業の経営者、役員やフリーランサーやＳＯＨＯ事業者も当然加入できます。

この小規模企業共済は、月に１０００円から７万円まで掛けることができるのですが、掛け金の全額を所得から控除できるんです。

この社長は、月７万円を掛けていたので、年間84万円が所得控除されていました。だから、年収４００万円引く84万円で、３１６万円の収入ということになっていたのです。

まあ、節税のうまいこと。

この小規模企業共済は前納することも出来ます。そして１年分以内の前納額は全額が支払った年の所得控除とすることが出来ます。

だから年末に月々７万円の掛け金で加入して、１年分前納すれば、84万円もの所得を年末に一気に減らすことができるのです。

小規模企業共済の難点は、預金と違って自由に引き出すことができない、という点です。

原則として、その事業をやめたときか、退職したときにしか受け取ることが出来ません。

事業が思わしくなくなったときや、いざというときには、事業を廃止したことにすれば、もらえます。事業を廃止しなくても解約出来ますが、その場合は、給付額は若干少なくなります。

また、事業を法人化したときにも受け取れるので、法人化への資金として貯蓄する場合にも使えます。

掛け金の7割程度を限度にした貸付制度もあるので、運転資金が足りないときには活用できるでしょう。

共済金を受け取った場合は、税制上、退職金か公的年金と同じ扱いとなり、ここでも優遇されています。

ポイント

- 小規模企業共済に加入すれば、掛け金が全額所得から控除される。
- 小規模企業共済は、事業をやめたとき、法人成りしたときなどに受け取れる。

領収書いらずで月10万円が自由。合法的に裏金を作る方法

私の知り合いに、税金にすごく強い編集プロダクションの社長さんがいます。仮にFさんとしておきましょう。

このFさん、毎月、領収書がいらずに自由になる金が10万円近くあります。

渡し切り交際費だろうって？

違います。

渡し切り交際費ならば、役員報酬と同じ扱いになりますので、給料に上乗せされることになり、自分の所得税が増えます。

Fさんの10万円は、所得税もかからない、でも自分が自由に使える、そして会社の経費で落としているんです。

脱税して裏金作ったんだろうって？

違います。

ちゃんと合法的に作ったお金なんです。

ちょっと勿体ぶりすぎましたかね。答えは、日当です。Fさんは日当をもらっていたん

です。

日当というのは、出張をしたときに出される手当のことです。出張したときは、交通費の他にも何かとお金がかかるでしょう？　電車の中で、新聞雑誌を読んだり、途中でコーヒー飲んだり。そういう費用は、会社の経費で落としていいですよ、ということなんです。

そして日当は給料とは違う扱いになっており、所得税も非課税なのです。

日当は、何も宿泊したり、移動時間が何時間もかかるような遠方の出張だけが対象になるわけではありません。極端な話、会社から一歩でも外に出れば日当の対象になるんです(ちょっとそこのコンビニまで行った、などというのでは、さすがに日当はつけないでしょうが)。

編集プロダクションの社長さんというのは、しょっちゅう出歩かなければなりません。出版社に営業に行ったり、著者さんと打ち合わせしたり。週の半分以上は、出張しているのです。

日当は、旅費規程の中で定めておかなければなりません。旅費規程というのは、出張したときの交通費の支給などを定めておく内部規定のことです。

この旅費規程を使えば、合法的に裏金が作れるのです。

会社の経費というのは、実際にかかった金額しか認められないのが原則です。しかし、出張旅費に限っては、旅費規程の中で「どこに行った時には幾ら支給する」「宿泊したときには幾ら支給する」ということを決めておけば、その額が経費として認められるのです。

というのは、旅費規程に定める旅費は、通常運賃を基準にしておけばいいのです。でも世間には、パック旅行など格安で旅行できるチケットが溢れています。ですから、通常運賃で経費を計上し、パックツアーのチケットを買えば、その差額が裏金になるっていう寸法です。

たとえば、東京から福岡であれば、普通航空運賃がだいたい往復6万円で、ビジネスホテルの宿泊料は1万円くらいなので、1泊2日で、日当3000円の2回分を加えて、7万6000円と旅費規程に定めておきます。

しかし、パックツアーなどでは、宿泊付往復航空券が3万円程度で販売されています。その差額が、合法的な裏金になるのです。

また先ほど言ったように、旅費規程には日当を定める事が出来ます。日当の額をいくらにすればいいか、というのに明確な基準はありません。「世間一般の基準」などという、あいまいなことになっております。

ただ公務員の日当規定に照らし合わせても、半日出張で２０００円、１日出張で４０００円くらいなら、問題ないでしょう。さっきのＦさんも、１日４０００円の日当が溜まって毎月10万円となっているわけです。

この裏金捻出法は、公務員（もちろん税務署も）が使っているものです。公務員の作る裏金のほとんどは、旅費を使って捻出したものなんです。

出張がある会社は幾多もありますが、旅費規程を作っている会社はあまり多くありません。

ぜひ御社も旅費規程を作ってみてください。

ポイント

・旅費規程を作れば、正規運賃と格安運賃の差額を裏金にできる。

・旅費規程を作れば、出張した人に日当を出せる。日当はもらった人が領収書なしで自由に使える。

消耗品を大量に買う。期末に税金をゼロにする買い物

私が税務調査をしていた時の話です。

その会社は、タオルなどのレンタル業者でした。

ホテルや飲食店に、タオル、オシボリなどをレンタルし、クリーニングするという業態。

近年とても業績がいいのに、法人税をほとんど払っていないことから、私は税務調査先に選んだのです。

帳簿をパラパラとめくってみて、私は色めきたちました。この年、大きな利益を上げているのに、期末になって経費が大幅に増えて、結果的に利益があまり出ていないのです。

この会社は３月決算でしたが、２月までは３００万円の利益が出ていたのです。にもかかわらず、３月に３００万円近く経費が増えて、利益を相殺してしまっているのです。

こういう帳簿処理は、脱税の典型的なものです。会社の利益が上がって、このままでは多額の税金を払わなくてはならない。そのために、期末に不自然な操作（つまり脱税）をして利益を少なくする。脱税で摘発される企業のほとんどは、このパターンです。

私は、期末の経理処理を、じっくりと検討することにしました。

すると、この会社は期末に大量にタオルを購入していることがわかりました。タオル代は、3月だけで250万円にもなっていました。この250万円が、この会社の利益をほとんど消してしまっているのです。

タオルなどは、少額資産といいます。

少額資産というのは、会社の資産のうちの少額のものです。通常、会社の資産は一度に経費とは出来ずに、耐用年数に応じて減価償却をしていくものです。

たとえば、100万円の車を買った場合、耐用年数6年で、毎年だいたい20万円ずつしか経費として認められません。でも20万円以下の少額資産は、購入した年に全額を経費とすることができます。

少額資産というのは、飲食店や工場などにおける「材料」とも違います。飲食店などの材料ならば、期末にいくら多額に購入したとしても、使い残った分は経費として計上できずに、在庫として計上しなくてはなりません。つまり、材料をいくらたくさん買ったとしても、経費化できるのは使った分だけです。

でも少額資産の場合は、購入した時点ですべてを会社の経費で落とすことができるのです。つまり、この会社の大量のタオル購入は、合法的な節税策であり、税務署としては何ら指摘することはできないのです。

私は頭を抱えつつ、この会社の税務調査を打ち切りました。

この会社の節税方法は、もちろん他の企業にも使えます。

会社の利益がでたときには、少額資産を大量に購入すればいいのです。少額資産というのは、いろんな事業で使われているものです。オフィス業務ならばOA周辺機器、飲食店では食器や調理器具、修理業ではペンチやスパナなどの器具です。

「たくさんあっても困るものではない」

「いつかは使うときが来る」

会社の利益が上がったときには、そういう少額資産を大量に購入するのです。

「あまり消耗品は使わない、消耗品なんてたかが知れている」

という経営者もいるでしょう。

そういう会社は、営業費を前払いして節税するという方法があります。

経費勘定の中には、1年分前払いすれば、それが経費と認められる項目がいくつかあるのです。

家賃、火災保険料、信用保証料などです。これらの経費を前払いすれば、当期の経費が増えて、税金を安くすることができます。

ただし、1年以上の前払いは経費としては認められません。もし、1年以上の前払いをしていれば、単に1ヶ月分のみの経費としかできないので、要注意です。

また決算期後にこの操作をしても、前払いとは認められないので、くれぐれも決算期前に行うようにしましょう。

で、一度この処理をすれば、毎年同じ会計処理を行わなくてはなりません。儲かった年は1年間前払いをして、儲からなかった年は期間分しか払っていない、ということは認められないのです。

「儲かったときだけ、経費が増える方法を使うのはずるいよ。やるんだったら、ずっと同じ方法を使え」

ということです。会計方法というのは、毎年、同じ方法をするというのが原則ですから。

だから、期末の緊急的節税策としては一度しか使えません。

ポイント

・期末に消耗品を大量に買うと節税になる。

・期末に前払いできる経費もある。
・一度、この会計処理をすれば毎年、同じことをしなければならない。

「息子はベンツ。でも無収入」のナゾ

ある八百屋さんの話です。

60歳近い親父さんが経営者で、20代の息子が店を手伝っています。

この20代の息子、結婚して子供もいます。けっこういいマンションに住んで、ベンツに乗っています。

でも、この息子、実は形式上は無収入なんです。

なぜそんなことになっているのか、というと、それは税金の申告方法が関係しているんです。

なんかもったいぶってしまいましたが、そうです、この八百屋さん、白色申告なんです。

白色申告なら、なぜそんなことになるのか、というと、青色申告ならば、経理をきちんとしなくてはならないようになっています。が、白色申告の場合は、それほどきちんとしなくてもいいのです。

いや、ほんとはしなくちゃならないのだけれど、していないのです。

青色申告ならば、経理をきちんとしていなかったら、税務署から「青色申告を取り消すぞ」といわれてしまいます。青色申告を取り消されたら、税金割引が受けられなくなったりしますので、納税者は「すみません、どうかご勘弁を。記帳をちゃんとやりますから」ということになるのです。

でも「青色申告の税金割引なんていらねえ。その代わり、おら、どんぶり勘定でいくだ～」と開き直っている人は、ほんとのどんぶり勘定になってしまうのです。

で、この八百屋さん、自分は少しばかり税金を納めていますが、店を手伝っている息子さんは無収入状態なので、まったく税金を払っておりません。

「無収入」というと、「稼ぎのない人」であり、世間的に肩身の狭い、不自由な思いをしているんじゃないか、と思われるかもしれません。

でもそれは、勘違いです。

無収入といっても、背中に「無収入」というワッペンが貼られているわけではありません。自分から言わなければ、他の人にはわからないものです。

で、無収入というのは、社会制度の中ではすごく優遇されているのです。

たとえば、保育園。

この八百屋の息子には子供がおり、保育園に行っています。保育料は、と〜ってても安くなっています。

また市民税や国民健康保険もむっちゃくっちゃ安いです。国民年金も、手続きをとれば免除にしたりも出来ます。

無収入の人というのは、「自分は無収入でもいい」と開き直ってしまえば、と〜っても得をするのです。

そして、そして、信じられないかもしれませんが、この無収入の息子、ベンツに乗っているんです。

な、な、なんということでしょう。

この息子、別にやくざ屋さんとか裏稼業があるとか、そういうことではありません。ふつーの八百屋の店員です。

「無収入なのにベンツ？」

そんな超常現象が起こりうるのが白色申告なのです。

でも普通の人は真似をしないほうがいいですよ。あまりにひどいときは税務署も指導に動きますし、よほど肝の据わった人じゃないと、こんな真似は出来ませんから。

ポイント

・白色申告はどんぶり勘定をするには有利。
・あまりにひどい場合は税務署の指導もある。

「金はない」と開き直る人には税務署員も泣き寝入り

税務署がもっとも手ごわい納税者はだれだと思いますか？

やくざ？

圧力団体？

政治家？

違います。

税務署というのは、けっこう強いのです。やくざなんかには負けません。圧力団体や政治家にもそれなりの対処法があります。でも、どうしても対処できない人たちもいるのです。

それは「開き直った人」です。

「俺は金がないから税金なんて払えない」

そういう人が一番怖いのです。

税金というのは、結局、「金の支払い」なので、金がない人はどんなに厳しく追及しても税金を払ってはくれません。だから、そういう人にはお手上げなのです。

私もたびたびそういう人に出会ってきました。

その中の一人にこういう社長さんがいました。

その会社は塗装業。会社といっても実態は職人さんたちの集まりで、社長さんというのは親方です。税務署での下調べでは、その会社の経理はずさんで、かなり収入をごまかしていることがわかっていました。

私は社長さんを厳しく追及しました。

「お宅は、売り上げをちゃんと計上していませんね」

「ああ、面倒だからなあ」

「ちゃんと計上してもらわないと困ります」

「わかった、わかった」

「わかった、わかったじゃなくて、税金を払ってもらいます」

「そんな金はない」

「いや、税金を払うのは国民の義務なんですから、それなりの収入を得ているんだから、税金払ってください」

「金があるなら払いたいけどね、金はない。なんだったら全部調べてみろよ、本当に金ないんだから」

会社の預金、社長さんの銀行口座、事務所内のお金すべて調べましたが、確かに金はありません。この会社、数字上は100万円以上税金を誤魔化していることになっています。隠した所得は300万円近くになります。なのに、その金はどこかに消えているのです。

「社長さん、金どこに持って行ったんですか」

「金なんて全部使ったよ」

「使ったって、何に?」

「飲み代とか、パチンコとか」

「……」

その後の調べで、社長さん、金が入るたびに従業員を引き連れて飲み歩き、毎日のようにパチンコに行っていたということがわかりました。確かに、ほんとに金は使ってしまったようです。

「金を使ってしまったって税金は税金だろう。借金してでも払うべきじゃないのか」

そう思う人も多いでしょう。

確かに法律上はそうなっています。

でもね、それは建前に過ぎないんです。もし、法律どおりに無理やり税金をかけたって、この人、絶対税金払いません。

そうなると、税務署としては滞納整理の仕事が増えるわけです。資産を持っていれば、差し押さえという手もありますが、資産もほとんどありません。

それに100万円というお金は、税務署員2～3ケ月分の給料に過ぎません。税務署の仕事量と照らし合わせたら、無理に税金をかけると赤字になってしまいます。

そうです。

そういうときは泣き寝入りするしかないのです。

国家権力の最たる税務署ですが、こういうふうに泣き寝入りすることはしばしばあるのです。

ポイント

・金がない納税者には、税務署も税金を負ける事もある。

「脱税してるぞ、文句あっか！」証拠がない相手には手が出ない

国税調査官にとって、嘘をつく相手よりも、正直に話す相手の方がやっかいだったりもします。

正直に話す相手というのは、肝が据わっているからです。

税務調査でこういうことがありました。

パチンコ機材の卸売り店に、反面調査を行ったときのことです。

パチンコ機材の卸店というのは、パチンコ店に必ずといっていいほどリベートを支払っています。パチンコ台1台につき数万円を、パチンコ店にバックしているのです。

パチンコ店は、そのリベートは収入として申告ません。パチンコ店も卸店もお互い暗黙の了解で、リベートは表に出さないようにしており、格好の脱税手法となっているのです。

そこで、パチンコ機材の卸店を調査し、リベートの実態を調査しようということになっ

たのです。

私はパチンコ機材卸店に出向き、様々な帳簿をめくり始めました。

経営者は40代後半のやせ気味で、ダーク系のスーツを着ていました。パチンコ業界という「遊び」がまったく感じられない、ごく普通の真面目な中小企業経営者という感じです。

調査をはじめて20分ほど経ったとき、経営者が私に向かって言いました。

「そんなものをいくらめくったって何も出てきませんよ」

その言葉には、私を挑発する意図はまったく感じられませんでした。むしろ私に対してのアドバイスが含まれているような雰囲気でした。

私「どういうことです？」

経営者「リベートを出していないかどうかを調べたいんでしょう？」

私「え、ええ」

経営者「もちろんリベートは出していますよ。でも帳票類に残したりは絶対しません。私どもも生活がかかっていますからね。リベートを出していることが税務署に知られたら、私どもは業界から追放されてしまいます。だからリベートのことは絶対わからないようにしているんですよ」

これは、ある意味、衝撃の告白です。

経営者は裏リベートを出している、ということを認めているわけです。つまり、脱税に加担している、ということを。しかし、その証拠は絶対に見つからないようにしている、もし証拠を見つけたいのならそんなことをしても無駄だ、というわけです。

ここまで開き直られれば、調査官としては対処のしようがありません。いくら相手と話したって、証拠を出すはずはありません。

隠し口座を見つけるなどして、別の面で証拠を掴むしかないのです。

彼の言っていることは、全部、本当のことでしょう。

彼にとって、裏リベートを見つけられることは死活問題。それは善悪ではなく「現実」なのです。その現実をありのままにつきつけられれば、調査官はひるんでしまいます。

税務の世界では、正直でかつ開き直っているものが一番怖いのです。

ポイント

・脱税は、証拠を掴まれない限り摘発されない。

3章

社長の多くが4年落ち中古ベンツに乗る理由

中古ベンツは節税策としてこんなにすごい！

「なぜ、社長のベンツは4ドアなのか？」（小堺桂悦郎著・フォレスト出版）って最近、すごく売れていますね。

ビジネス系ライターの端くれとしてはうらやましい限りです。

さて、この本に書かれているベンツという車、節税策としてとても優秀です。中でも中古ベンツは必殺アイテムともいえます。

儲かっている会社が中古ベンツを買えば、かなり効果的な節税をすることができます。会社のお金は出て行かずに、経費だけが増えて税金が減らせる、しかも資産としても残る、まさに夢の節税アイテムといえます。

大ベストセラーになるはずです。

この章では、なぜ中古ベンツが節税策として優れているのか、税の専門家としてご説明したいと思います。

中古ベンツを買えば400万円の税金がゼロになる⁉

私の知り合いのある中小企業の社長の話です。仮にTさんとしておきましょう。

Tさんは、出版業を営んでいます。

出版業というのは、浮き沈みの激しい業界です。

一発ヒットが出ればすごくお金が入ってくるけれど、ヒットがでない時が続けば、すぐに赤字になってしまいます。

出版業界では、経営者が自分の資産を取り崩して会社を続けているというようなケースもままあるのです。

こういう業界は、税金ではもっとも不利です。

いくら損が続いて巨額の赤字を抱えていても、税金の上では赤字は5年しか繰り越せません。

一方、儲けが出た場合は、確実に税金の対象になります。

たとえば、毎年200万円の赤字が10年間続いていた会社が、11年目で2000万円の黒字を出したとします。

10年間続いた赤字は、総額で2000万円になっているはずです。でも5年分しか持ち越せませんので、11年目の開始時点で計上されていた赤字は、半分の1000万円だけです。

でも、黒字はそのまま計上しなければなりませんので、11年目の決算では2000万円の黒字マイナス過去の赤字1000万円で、残りの1000万円は所得とみなされます。約400万円を税金として払わなければなりません。

だから、こういう業界の人は、だいたいいつも赤字で悩んでおり、たまに黒字が出たときには税金で悩む、という二つのパターンを繰り返すことになっています。

Tさんもごたぶんにもれず、この二つのパターンを繰り返していました。Tさんの会社では、今期はヒット作が出て税金の悩みを抱えていました。

Tさんは、常日頃から税金について勉強されている人で、時々私に「こんな節税法は可能でしょうか」などと、聞いてくることがありました。そして、この前会ったとき、「中古のベンツを買えば節税になるんじゃないでしょうか」と言いました。

私は思わず、うなってしまいました。

なるほど中古のベンツを買えば、かなり効果的に節税ができます。

タコ社長は会社に金がないのに税金の心配をしていたのはなぜ

まず、中古ベンツのことを説明する前に、中小企業の社長さんたちの悩みの根源について少し述べましょう。

映画「男はつらいよ」には、タコ社長という町工場の社長が出てきます。すぐに寅さんと取っ組み合いを始める、なんかおっちょこちょいな人です。

このタコ社長、いつも資金繰りとか税金とかに悩まされています。税務署に怒られたり、金策に走り回ったりしています。

「中小企業の経営者って大変だなあ」

という感じですね。

でも、うっかり見過ごしてしまいがちですが、よく考えてみると、タコ社長っておかしいと思いませんか？

だって、資金繰りと税金にいつも悩まされているんだから。

資金繰りが悪いということは、会社に金がないということです。

一方、税金に悩まされているということは、儲かっているということです。税金は会社の利益にかかるものですから。

ということは、タコ社長の会社は、「儲かっているのに会社に金がない」という矛盾を持っていることになります。

でもね、こういう会社って実はいくらでもあるんです。というか、これが中小企業の経営者の方々の最大の悩みになっていると思われます。

この矛盾の理由は、会社の税金の仕組みの中にあるんです。

会社にかかる税金、法人税、法人事業税などは、利益に対してかかってきます。

売上－経費＝利益

利益の計算式は、この通りです。

ですから原則として、会社の税金というのは、利益があがったときにしかかかってきません。

でも経理の世界では、不思議なことがあるんです。

というのは「利益が出ていること」と「会社に金がある」ということは別なんです。

「利益が出ていれば会社に金があるはずだろう？」

そう思うあなた、間違っていません。

もちろん、基本的にはその考え方はあっています。でも利益が出ていてもお金がない、ということもありえるんです。

会社というのは、商品やサービスを売って生計を立てています。どんな会社でも、煎じ詰めれば、この形態を持っています。

そして商品やサービスを売ったときに受け取るものは、現金ばかりではありません。いや、現在では現金商売をしている会社の方が少ないといえます。ほとんどの商取引は、手形や小切手などです。

手形というのはだいたい6ヶ月後にしか現金化できません。ということは、売上があってから6ヶ月間は、お金が入ってこないのです。

しかし経理上では、何かを売ったときに売上は計上されます。だからまだお金が入ってきていなくても、売上が計上されることになります。「お金がないのに帳簿上は儲かっていること」が起きるのは、このためなのです。

そして税金の計算でも、お金が入っているかどうかというのは考慮されません。売上があれば、それは手形で支払われたものであっても、売上として計上しなければならないのです。

たとえば、こういう会社があったとします。

1000万円の売上がありましたが、支払いは手形で受けました。お金は6ヶ月後にしか入ってきません。経費は600万円かかっています。だから利益は差し引き400万円です。

売上のお金が入ってくる前に、税金の申告時期になってしまいました。税金は利益の400万円に対してかかってきますので、約100万円です。

つまり、この会社は、まったくお金がないのに、100万円の税金を払わなければならないのです。

タコ社長も、このパターンだったはずです。

車は旅費で落とせない。車を買って節税するにはコツがある

私は元国税調査官です。

国税調査官と言ってもピンと来ない人も多いでしょう。まあ、簡単に言えば税務署員です。

税務署では、毎年春に確定申告のために税務相談を開きます。

この税務相談には、税理士に頼んでいない人が相談にくるものなので、いろんな相談がありります。

その中で、こういう人がいました。

結婚式の司会などをしている女性で、確定申告の相談で税務署に来られたのです。その女性、決算書と領収書を持ってきていました。その決算書を元に申告書を作って欲しい、ということです。

決算書をながめて、私は「おや！」と思いました。収入が400万円くらいなのに、旅費が200万円もかかっているんです。

「結婚式の司会って、旅費がこんなにかかるものなんですか？」

私は思わず聞きました。

「ええ、わりと」

「200万円っていうとけっこう大きいですねえ。遠方で仕事をされているんですか？」

「そうですねえ、遠方ということもないのですが……」

なんだかラチがあかないので、私は領収書を見せてもらう事にしました。すると、旅費の中に、思わぬ領収書が紛れ込んでいました。

軽自動車の購入費120万円……絶句。

経理に詳しい皆さんはもうおわかりですね。

経理初心者の方のために、解説させていただきましょう。

軽自動車を買った場合、それは旅費で経費に落とすことは出来ません。固定資産に計上して、減価償却をしなければなりません。

固定資産というのは、1年で使えなくなるものではなく、何年にもわたって使えるもの、そして高額なもの（10万円以上）のことを言います。

たとえば、パソコン。パソコンは、買ったときだけしか使えないということはなく、何年間かは使えますよね？

何年も使えるものは、買ったその年に全額を費用として計上するのではなく、使える期間に按分して費用にするということになります。

そして按分して費用とするものを減価償却というんです。

なぜ、そんな面倒なことになっているかって？

それは、1年間の正確な損益を出すために、です。30万円で買ったパソコンが、5年間使えるとします。

これをもし、買った年に全部経費にしてしまえば、最初の年だけが経費が大きくなりますよね？

5年間は、同じようにパソコンを使っているのに、最初の年と他の年とでは、経費が大きく変わってきます。それでは、正確な損益が計算できないということで、減価償却をするようになったんです。

それに、もしどんなものでも買った年に経費に出来るんだったら、儲かった人は皆高いものを買うようになります。そうすれば、経費が増えて、税金を払わなくて済むからです。それを防ぐためにも、減価償却をすることになっているんです。税務当局も賢いもんです。

さて、納税相談の話に戻しましょう。

私はこの女性に、決算書を書き直してくれるように言いました。旅費から、軽自動車購入費はのぞいてもらって、固定資産に計上してもらうのです。

でもこの女性、なかなか納得してくれません。

「車は本当に買ったんですよ、仕事にも使っているんです」

いや、車を買ったのは嘘だとか言ってませんて。仕事にも使っているでしょうよ。でもね、会計の制度上、車の購入費は旅費には入れられないんです。

この女性、例年より収入が多かったんで、車を買ったそうです。まあ、税金対策ということですね。

でも、ただ車を買うだけでは、ほとんど税金対策にはならないんです。固定資産に計上して、減価償却しなければなりませんからね。

車を買って、節税するにはコツがいるんです、コツが。

減価償却するのに定額法と定率法、どっちが得？

前項で出てきた減価償却ですが、この具体的なやり方をご説明しましょう。中古ベンツのことをお話するときに、減価償却の知識が必要になりますので、少し退屈ですが頑張ってお付き合いください。

減価償却の方法には、定額法と定率法というものがあります。

定額法というのは、毎年同じ金額を減価償却していく、というものです。そして耐用年数が来たときに、ちょうどその資産が価額に達するようになっています。

たとえば、耐用年数が10年で１０００万円のものを買った場合、１年間に１００万円ずつ減価償却していきます。そうすれば、10年で、取得した価格を全部、減価償却できるというわけです。

実際には、耐用年数が過ぎても残存価額というものを残さなければなりません。これは、耐用年数が過ぎたからといって、資産の価値がまったくなくなるわけではないので、取得価額の５％は帳簿に残しておくのです。先の例で述べますと、１０００万円の５％、50万円は帳簿に残す事になります。ですから減価償却できる額というのは、最大で９５０万円ということです。

定率法というのは、毎年固定資産の残存価額に同じ割合をかけて算出するという方法です。

耐用年数によって償却率というのが定められています。耐用年数10年までの償却率は次のようになっています。

耐用年数２年　償却率０・６８４
耐用年数３年　償却率０・５３６
耐用年数４年　償却率０・４３８

耐用年数5年　償却率0・369
耐用年数6年　償却率0・319
耐用年数7年　償却率0・280
耐用年数8年　償却率0・250
耐用年数9年　償却率0・226
耐用年数10年　償却率0・206

もし耐用年数10年のものを1000万円で買った場合、1年目の減価償却費は次のような計算式で算出されます。

1年目の減価償却費　1000万円×0・206＝206万円

2年目の計算は、1000万円から1年目の減価償却費206万円を引いた額794万円に、また償却率をかけて算出します。

2年目の減価償却費　794万円×0・206＝163万5640円

3年目以降も2年目と同じように、取得価額1000万円から今まで減価償却した額を引いて、償却率をかけた額が減価償却費となります。

これを毎年続けて、残存価額が取得価額の5％になるまで減価償却をするのです（10年目に残存価額が5％になります）。

定額法にするか、定率法にするかは会社が自由に選択することが出来ますが、あらかじめ税務署に選択の届けを出さなければなりません。届けを出していない場合は、法定償却をしなければなりません。

ちなみに個人事業の場合は必ず減価償却をしなければなりませんが、会社の場合は、望まなければしないでも構いません。

減価償却が出来るのにしなければ、決算上は利益が大きくなります。ですから、赤字になったら困るような会社は、わざと減価償却をしないようなこともあるのです。

景気のよくない会社を見分けるもっともオーソドックスな方法が、減価償却をきちんと計上しているか、ということです。

減価償却資産がたくさんあるのに、減価償却費があまり計上されていない会社は、景気が悪い、という可能性が高いのです。

ポイント

・減価償却費は定率法と定額法があり、どちらかを選択できるようになっている。
・定率法は初めのうちに多くの金額を経費で落とすことができ、定額法は毎年同じ額を経費に落とすことが出来る。

耐久年数50年。自社ビルを建てても節税にはならない

「いずれ我が社も自社ビルを建てたい」

そんな願いをお持ちの社長さんもたくさんいるかと思います。でも、自社ビルを建てても、税金対策にはほとんどならないんです。

というより、日本の税法では、自社ビルを建てる事は非常に難しいことになっているのです。

というのは、建物の耐用年数というのは、異常に長く設定されているのです。事務所用の建物の耐用年数は次の通りです。

鉄筋コンクリート	50年
れんが、石ブロック	41年
金属造り（骨格材4ミリ以上）	38年
金属造り（骨格材3ミリ以上4ミリ以下）	30年
金属造り（骨格材3ミリ以下）	22年
木造	24年
木骨モルタル	22年

これを見るとわかるように、建物の減価償却費というのは、信じられないほど少ないのです。

たとえばある社長が「今年は1000万円の利益が出そうなので、それを頭金にして1億円の自社ビルを建てたい」と考えたとします。

このビルが鉄筋コンクリートならば、耐用年数は50年。ということは1年間に経費化できる減価償却費というのは1億円の50分の1の200万円に過ぎません。1000万円の利益が出たとしても、それを自社ビルの建築費に回せるのはたった200万円。残りの8

00万円は課税対象となってしまうのです。

いまどき、耐用年数が50年などというのは、常識離れをしています。建物を50年使ってやっと建設費を全部、計上できるというわけですが、自社ビルを50年も使えるかっていうことです。

50年後に会社がどうなっているか、わかりませんからね。下手をすると、日本がどうなっているのかもわからない、というものです。

鉄筋コンクリート以外の建物にしても、同じようなものです。

木造でも24年間も使う事が前提となっているわけです。

これは当局が企業に、自社で建物を建てるのを諦めさせようとしているとしか思えませんね。

よほど資金に余裕がある企業じゃないと、ビルを造るなんて無理ですから。

日本の税法で定められている耐用年数は建物に限らず、だいたい実際の使用年数よりも長いのです。減価償却費を少なくして、なるべく多く税金を取ろうというわけです。

でもね、耐用年数よりも、実際の使用期間の方が長いものもあるのです。

建物と逆のケースですね。

それがまあ、この章の主人公である中古ベンツだというわけです。詳しいことは後ほど。

ポイント

- 建築物は実際の使用年数よりも、耐用年数が長く設定されている。
- 建築物はあまり節税にはならない。

金が出ていかずに税金が安くなる？　中古ベンツのカラクリ

会社にはいろいろな節税策があるものですが、節税策のほとんどはお金が出て行ってしまうものです。

節税策のほとんどは、「税金で払う代わりに経費を使う」ものです。だから、節税できる税金以上に、経費を使ってしまいます。

これは中小企業にとっては、シンドイことです。

ただでさえ資金繰りに困っている。資金繰りに困っているからこそ税金を安くしたい。でも税金を安くするためには税金以上に経費を使わなければならない。となると本末転倒になりかねません。

「お金が出て行かずに税金が安くなる方法」

それが中小企業に求められる節税策といえるでしょう。

「そんな方法は無いよ」

と、多くの経営者の方々は思われるでしょう。でもそういう方法もないことはないんです。それがこの章のメインテーマである「中古ベンツを使った節税法」なのです。

いやあ、ここまですっかりもったいつけてしまいましたね。ようやく中古ベンツの登場です。

と思ったのですが、その前にまず会社の経理におけるベンツについてお話しましょう。中古ではなく、ベンツそのものについてです。

ベンツは、フォルクス・ワーゲンと並んでドイツの代表的な車ですが、1896年にドイツのカール・ベンツさんという人が作ったのが、そもそもの始まりです。1世紀以上の伝統がある由緒ある車なわけです。

戦前からその性能には定評があり、ヨーロッパの自動車レースではほとんど独壇場でした。現在でも、レースにも強く、またディーゼルエンジンやガソリン噴射式エンジンを世界で初めて使っております。

まあ、とにかく優秀な自動車なわけです。

と、同時に日本では高級車の代名詞でもあります。ベンツは、タクシーやバスにも使われるなど、大衆向けの車も作っているんですが、日本で販売されているのは、ほとんどが高級車タイプのものですからね。

ベンツというのは、元々、羽振りのいい社長さんたちの必須アイテムでもあります。

「いつか俺もベンツに乗ってみたい」

そう考えている社長さんも多いことでしょう。

ベンツの特徴は、なんといっても優秀な性能ですが、それと同時に丈夫で長持ちということが挙げられるでしょう。

そしてこの「丈夫で長持ち」ということが、節税で大きな意味を持ってくるんです。

どういうことかって？

それはおいおいご説明いたしましょう。

税金を払うくらいならベンツを買おう！

ベンツはステータスでもありますが、景気がいい会社の経営者にとって、かっこうの税金対策でもあります。

「利益が出れば税金に持っていかれる。税金を払うくらいなら、会社の金で欲しかったベンツを買ってしまおう」

と、まあそういうわけです。

ここで疑問に思う方もいるでしょう。

「自分が乗るベンツを会社の金で買うことが出来るの?」

と。確かに、自分が乗る車を会社の金で買うのは、おかしいんじゃないか、という論も成り立ちます。

ですが、自分が乗る車といっても、会社の業務でも使うわけです。会社の業務で使うものならば、会社の金で買ってもいいわけです。もちろん、所有は会社の名義になりますし。会社の業務でまったく車を使わない、ということであれば、ちょっと問題になりますがね。ベンツは、経営者の家に置きっぱなしで、通勤も電車を使っている。車での出張がまったくないとか。

でもそういう会社って、ほとんどないでしょう。普通に車を使う会社ならばまず大丈夫なのです。

で、ベンツを買えば、どの程度節税になるのかというと、普通車の耐用年数は6年です。

これは、ベンツであってもマーチであっても変わりません。

ベンツだと、ベンツでも6年経ってもまだまだ乗れます。でも購入価額を6年で全部、会社の経費で落としてしまうことが出来るんです。これが、ベンツが節税になる、という大きなポイントです。

日本車の場合は、6年経ったら買い換えなくちゃならない、というようなことが多いですからね。

そして1200万円のベンツを買った場合、単純計算では6年で減価償却するわけなので、年間に200万円の減価償却費を計上できます。

これを自分で買えば、会社の経費はまったく増えないわけです。だから、どうせなら会社の金で買ってしまおうということになるわけです。

これがまあ、ベンツを使った節税策なのです。

ポイント

・ベンツは耐用年数以上に使用する事が出来るので、節税効果が大きい。

4年落ちの中古ベンツなら新車の3倍以上の減価償却が可能

この章ではタイトルに「中古ベンツ」がうたってあります。ということは、まあ、「中古」が強調されているわけです。「中古」の方がいいんだよ~というわけです。

なぜ「中古」が節税上有利になるのか、ということをお話しましょう。

中古資産というのは、新品を買ったときよりも、当然、耐用年数は短くなります。耐用年数が短いということは、1年間に計上できる減価償却費がそれだけ大きいということです。

中古車の耐用年数というのは、次のような計算方法で算出されます。

(耐用年数－経過年数)＋(経過年数×20%)

たとえば、5年落ち(5年経過)の中古車を買った場合、自動車の耐用年数6年から経過年数5年を引きます。それに経過年数の20%、つまり1年を足します。計2年となり、この中古車の耐用年数は2年ということになります。

1年未満の端数が出た場合は切り捨てとなり、最短耐用年数は2年です(計算式で2年以下になった場合は、2年が耐用年数となります)。

ざっと中古車の耐用年数を並べてみますと、次のようになります。

1年落ち　　　耐用年数5年
2年落ち　　　耐用年数4年
3年落ち　　　耐用年数3年
4年落ち　　　耐用年数2年
5年落ち　　　耐用年数2年
これ以上古いもの　耐用年数2年

ということは、4年落ちの中古車を買えば、耐用年数は2年となるので、これがもっとも減価償却費では有利になります。これ以上、古いものを買っても耐用年数は減りませんから。

耐用年数が2年ということは、わずか2年で購入代金を経費にしてしまえるということです。これは大きい。

4年落ちの中古ベンツを1000万円で買った場合、1年間の減価償却費は単純計算でも500万円ということになるのです。

もし1000万円の新車のベンツを買った場合、1年間の減価償却費は160万円程度です。

つまり、4年落ちならば、新車の3倍以上、なんと年間340万円も多く減価償却できてしまうのです。

ポイント

- 中古の資産は、耐用年数が短くなる。
- 4年前より古い自動車は耐用年数が2年間になる。

ベンツなら4年乗っても高い資産価値。赤字で売れば売却益に

中古ベンツというのは、他の車にない特色を持っています。

簡単に言えば、中古であっても値があまり下がらないということです。

2002年から2004年のモデル「SL55　AMG」は新車で1600万円程度で

す。これが2003年モデルの中古車では、1000万円程度で売られています。つまり4年経過しても価格は4割くらいしか下がらないのです。

これは節税上、非常に有利になります。

というのは、4年落ちのベンツを買えば耐用年数が2年なので、2年間で減価償却してしまいます。

1000万円のベンツも、2年間で帳簿上の価値はなくなってしまうのです。

でも4年落ちの1000万円のベンツを2年間乗ったとしても、まだまだ市場価値はあります。よほどのことが無い限り、最低でも500万円、状態がよければ800万円くらいの価格で売れるかもしれません。

ということは、実際は500万円から800万円の資産を持っているのに、帳簿上にはその資産は載っていないことになります。

いってみれば、「含み資産」ということです。

もし会社が赤字になりそうなとき、あまり景気がよくないときには、ベンツを売り払ってしまえばいいわけです。

帳簿上の価値はなくなっているのですから、売れた分のお金がそのまま会社の固定資産売却益ということになります。

ポイント

・ベンツは古くても資産価値があるので、会社の含み資産となる。
・金回りがいいときに買って、金回りが悪いときに売れば、格好の節税商品となる。

中古ベンツなら出て行く金以上に経費が増える

さて、中古車を買った場合、出て行く金以上に経費を増やすという魔法が使えます。魔法なんて大げさな言葉を使ってしまいましたが、ありていにいえばローンを使うわけです。

たとえば4年落ちの中古車１０００万円を5年ローンで買ったとします。４年落ちの中古車は、前に述べたとおり耐用年数は2年なので、１年間で購入代金の半分、約５００万円が減価償却費に計上できます。

でも支払いは5年間のローンなので、１年あたりに支払う代金は２００万円ちょっとになります。

1年間に出て行くお金（ローン支払い）　２００万円ちょっと
1年間に経費に計上できるお金（減価償却費）　５００万円

出て行くお金は２００万円ちょっとなのに、経費として計上できるのは５００万円。つまり３００万円もの資金的余裕が出来るわけです。

もちろん、３００万円の資金的余裕が出来るのは、減価償却している2年間のみです。耐用年数の2年間を過ぎれば、減価償却費は計上できませんので、ローンだけが残ることになります。

それでも、中古ベンツを買った最初の2年間は５００万円もの経費が計上できて、実際に出て行くお金は２００万円しかないわけです。だから、会社が儲かっているときに、中古ベンツを買えば、その節税効果は絶大なものがあるといえるのです。

ポイント

・ローンを使えば、出て行く金よりも経費に出来る金額の方が大きくなる。

心配ご無用！　安いベンツでも節税効果は大きい

これまでのところを読まれた方の中には「そんな1000万円もするベンツなんて買えない」と思っている人もいるでしょう。

でもご安心ください。

中古ベンツには、200〜300万円のものもたくさんあります。100万円程度で買えるものもあります。そういう安いベンツでも、高いベンツと同じような高い節税効果が得られます。

たとえば、10年落ちの200万円のベンツを買ったとしましょう。

これも耐用年数は2年なので、1年間で100万円の減価償却費を計上することができます。

年度の途中、半年経過したときに買ったとしても50万円の減価償却費を計上できます。

これを5年ローンで買ったりしたならば、1年間に出て行くお金は20〜30万円で済みます。

「ちょっと今年は儲かったので税金が心配だ」

などという方、プチ税金問題を抱えている方には最適な節税策だといえるでしょう。

同じ200万円で、新車を買ったときと比べてみれば、その差は歴然としています。

200万円の新車は耐用年数が6年ですので、1年間で減価償却できるのは30万円ちょっとです。

年度の途中、半年経過のときに買ったような場合は、10数万円しか減価償却費を計上できません。

しかも、ベンツの場合、10年落ちの200万円のものでも、4~5年乗ったところで、まだ100万円以上の価値があるのです。200万円の日本車を4~5年乗れば、50万円くらいになってしまいます。

資産価値としても、大きな差があるわけです。

ポイント

・安いベンツでも節税効果は大きい。

ロールスロイス、BMW…高級中古車を探せ!

効果の高い節税方法として中古ベンツを買うことを紹介しましたが、もちろん、中古ベンツ以外でも同じような効果を得られるものがあります。

車ならば、中古ベンツ以外でも高級外車、ロールスロイスとかＢＭＷとかも該当します。どういうものを買ったときに節税になるかというと、法定耐用年数よりも長く使えるものです。そして長く使っても資産価値があまり落ちないものです。

そういうものを探し出せば、中古ベンツと同じような節税効果が得られるのです。

ポイント

・法定耐用年数よりも長く使えるもの、中古車でも資産価値の落ちないものを探せば、中古ベンツと同じような節税効果が得られる。

4章

「節税生命保険」の甘い誘惑にご用心

借金があるのに法人税が50万円も取られる？

ある晴れた春の日、間貫二（仮名・32才）は、朝のコーヒーをすすりながら、感慨に浸っておりました。

「やっとこの会社も軌道に乗ってきたなあ」

貫二は3年前、脱サラしてインターネット関連の事業を立ち上げました。

これまでの3年間は苦労の連続でした。親兄弟を拝み倒し、退職金などをかき集めて500万円を用意して、会社を作ったのです。

都心に近いビルの一室で、妻と二人、夜も寝ずに働き続けました。その間、妻には、洋服の1枚も買ってあげられませんでした。

その甲斐あってか、事業は順調に伸びていき、今年は新しく人も雇いました。この調子で行けば、親兄弟から借りたお金もあと2～3年後には、完済できるでしょう。

「今年は、少しは楽になるなあ。妻に洋服の1枚でも買ってやろう」

などと思っていたところです。

電話のベルが鳴りました。

「はい、ハザマ・コーポレーションです」

「こちら、豊永税理士事務所です。お客様の税金が確定しましたので、お知らせします」

「あ、はい」

ちょうど決算が終わったばかりで、頼んでいた税理士事務所から税金の報告が来たのです。

税理士事務所事務員「今年度の法人税は、49万3000円です」
貫二「えっ⁉　なに？　どういう意味です」
税理士事務所事務員「ですから今年の法人税は49万3000円になります」
貫二「法人税って、うちが払うんですか？」
税理士事務所事務員「もちろん、そうです」
貫二「えっ？　うちが49万円も払うんですか？」
税理士事務所事務員「はい、そうです」
貫二「そんな馬鹿な！　何かの間違いでしょう？」
税理士事務所事務員「いいえ、間違いありません。ハザマ・コーポレーション様ですよね?」

貫二は何が何だかわかりませんでした。

事業が軌道に乗ってきたと言っても、まだ借金は残っています。夫婦は馬車馬のように働いているけれど、わずかな給料しかもらっていません。それなのに、法人税が50万円近くもかかってくるというのです。

「絶対そんなことはない、そんなことがあるはずはない。もう一度確認してください」

貫二は、息も絶え絶えで受話器を置きました。

借金があっても税金がかかるのはなぜ?

貫二は、経理にあまり詳しくなかったんですねえ。中小企業でありがちな税務上の誤りを見事にやってくれています。

まず第一の誤りは、資本取引と損益計算を混同してしまっていることです。

貫二は借金がある間は、税金はかかってこないと思って、安心していたようです。

確かに、会社の税金(法人税)というのは、会社が儲かっているときにしかかかってきません。
赤字の会社には、課税されないのです。
でも経理でいわれている「赤字」というのは、実は借金があるかどうかではないんです。
赤字か黒字かということと、借金があるかないか、ということは同じではありません。
赤字であっても借金のない会社もありますし、黒字であっても多額の借金がある会社もあります。

借金というのは、資本取引といって、会社の損益計算の中には反映されません。資本取引というのは、簡単に言えば、お金の貸し借りなどの取引のことで、事業上の取引とは分けて考えなくてはならないのです。

たとえば1000万円の借金をして、事業をはじめた会社があるとします。初年度で500万円の利益が出たので、それを全部、借金の返済にあてました。ならば、この会社の利益はゼロになるかというと、そうはなりません。

会社の利益は、あくまで500万円であり、これに税金が課せられます。

もし借金返済の500万円を経費として計上できるというのなら、お金を借りたときには1000万円を収益として計上しなくてはならないことになります。

経理上は、そういう操作は認められておらず、「借金」や「借金返済」はあくまで、資本取引であって、損益計算ではない、ということになっているのです。

だからハザマ・コーポレーションの場合も、借金が残っているからといって、税金がかからないというわけではないのです。

1年間の損益計算で利益が出ていれば、その利益に対して税金がかかってくるのです。

清貧が裏目に。社長報酬額は多めにしておく

また貫二は税金対策上、もう一つ大きな間違いをしています。

自分たちの報酬を低く抑えていることです。

経理に強くない中小企業の社長さんなどは、この間違いを犯してしまうことが多いですね。

会社をはじめたばかりのころは、会社が軌道に乗るか不安を持っています。報酬を上げると、会社が苦しくなるように思ってしまいます。

だから自分の報酬は低く抑えるんです。自分の報酬を上げるのは会社が軌道に乗ってからでいい、というわけです。

でも、これは税務上、非常にバカバカしいことなのです。

社長報酬というのは、年度の途中で増額することはできません。以前は、株主総会などを開けば、年度の途中での増額も出来ていたのですが、平成18年度の税制改正で、社長報酬は事前に決めた額しか払えないようになってしまいました。

会社が軌道に乗って儲かってから自分の報酬を上げようと思っても、次の年度まで上げられません。

ということは、会社が儲かると、その儲かった分はすべて利益に計上されてしまいます。そして利益の40%は、税金で持っていかれます。

つまり、せっかく儲かっても、儲かった分の半分近くを税金で取られてしまうことになるのです。

だから「正しい社長報酬」というのは、額を少し多めにしておくことです。会社の最低限の業績を基準にするのではなく、会社がマックスで儲かったときを基準にして、社長報酬の額を決めるのです。

会社の事業が思ったようりうまくいかずに「こんなに高い報酬は払えない」という状態になれば、減額するか未払いにしておけばいいのです。社長報酬が減額されたり、未払いになっても、だれも文句を言う人はいません。

社長報酬は、増額は出来ませんが、減額は途中で出来るのです。ただし、減額した場合でも、その期中は一定の額にしておかなくてはなりません。

そうしておけば、会社が思った以上に儲かったとき、急に税金で悩まなければならない、というようなことがなくなるわけです。

税金は確定した後からは絶対に減らせない

税理士事務所から納税額の連絡を受けて、何がなんだかわからなかった貫二ですが、ようやく事態が飲み込めてきました。

そして猛然と税理士事務所に乗り込んでいきました。

貫二「先生、なんとかしてくださいよ。せっかく軌道に乗ってくるところだったのに、こんなに金を取られたらたまったものではありません」

税理士「いや、だから前から節税対策をしたほうがいいですよと言ったじゃないですか」

貫二「でも具体的にどうすればいいか、教えてくれなかったじゃないですか」

税理士「うちも経理指導を生業にしていますからねえ。無料で教えるってわけにはいきませんよ。間さんは、決算書の作成だけでいいって言われたから、それ以上のことはできなかったわけです」

ハザマ・コーポレーションは、税理士には決算書作成しか頼んでなかったんですね。これも開業したばかりの会社では、よくある話です。

税理士に頼むのも無料ではありませんからね。

しかも依頼する業務内容によって、税理士への報酬はまったく違ってくるわけです。経理のほとんどを見てもらって、毎週のように指導に来てもらうのであれば、１００万円くらいかかることもあります。

貫二は、そんなお金はもったいなかったので、決算書だけを作ってもらう最低限の業務を依頼していたわけです。

そうなると、税理士の方も細かい指導などはしてくれませんし、有効な節税策も教えてくれません。

貫二「そこをなんとか出来ませんか？　それなりの報酬はお支払いしますので、もう少し税金を安くしてください」
税理士「それは無理です。税金というのは後から減らすことは出来ないんですよ。今となっては、幾らお金を頂いても、いかんともしようがありません」

残念ながら、税理士の言うとおりです。

税金というのは、確定してしまった後からは、ほとんど動かしようがないのです。そして会社の場合、決算期末に税金は確定します。だから、決算期を過ぎてからいくらもがいたって税金を安くすることはできないのです。

節税は早めにする、というのは税務における基本なのです。

ニセ領収書を使えば税金は安くできる？

貫二は、すっかり落ち込んでしまいました。

「こんなことになるのなら、もっとたくさん報酬をもらっておけばよかった……」

1枚数百円のシャツさえ買うのをためらう生活をしていたのに、50万円近くも税金を取られてしまうとは。

そんなとき、だれかがハザマ・コーポレーションのオフィスをノックしました。

「だれだろう?」

貫二がドアを開けると、黒っぽいスーツを着込んだ小太りの男が立っていました。

「私、こういうものです」

その男は、黒い名刺を差し出しました。

「経営コンサルタント、節税指南　喪蔵福郎」

貫二は、思わず名刺を覗き込みました。

貫二「節税指南?」

喪蔵「はい、そうです。私は税金で苦しんでいる経営者の方々をお助けする仕事をしています。急に税金が増えて困っているようなことはありませんか?」

貫二「えっ!?　じ、じつは、今、まさしくそうなんです。去年までは赤字で税金を払ってなかったんですが、今年になって利益が出て、急に多額の税金がかかってしまって困っていたんです」
喪蔵「そうだろうと思って、お伺いしたんですよ」
貫二「な、なぜ、わかったんですか」
喪蔵「お見受けしたところ、最近ようやく事業が軌道に乗ってきた様子。そういう会社がまず最初に直面するのが税金問題ですからね」
貫二「そ、その通りです。でも税理士の先生からは、決算期が過ぎているんで今更税金は減らせないといわれました。あなたは税金を減らすことが出来るんですか?」
喪蔵「うおっほっほっほ。任せてください。あなたの思い通りに税金を減らしてあげましょう」
貫二「ほんとに出来るんですか? でもすごく高いんじゃないですか? 税金以上に報酬が取られるなら、お願いする意味が無いし」
喪蔵「いいえ、それほど御代は頂きませんよ。いかほど税金を安くすればいいんですか?」
貫二「50万円ほど税金がかかっているんです。出来ればこれをゼロにしていただきたいのですが……」
喪蔵「それはお安い御用です。報酬は5万円ほど頂きます」
貫二「ほんとですか？ ほんとにそんなことが出来るんですか？」
喪蔵「ここに、とある会社の領収書があります。用紙も社印もすべて本物です。この領収書にあなたの好きな金額、好きな日付を書いて経費に計上すればいいのです」
貫二「そ、それは脱税じゃないですか？」
喪蔵「うおっほっほ。脱税とは無粋な言い方をされますねえ。税金を安くしたいというのは人情。たくさんお金がある人は、いい税理士に頼んで税金を安くすることができます。でもお金のない人は税理士に頼めず、たくさん税金を払わなければなりません。お金持ちの税金が安くて、お金のない人の税金が高いのはおかしいでしょう？ だから私はお金があまりない人の節税のお手伝いをしているわけです」
貫二「そうですか……でもそんなことをして税務署にバレないんですか？」
喪蔵「この会社はこの3月に倒産したばかりでありまして。今は連絡の取りようがありません。もし税務署があなたの経費がおかしいと思っても、先方に問い合わせることはできないんです」

貫二「なるほど……」

ということで、貫二はこの偽領収書を買ってしまいました。

売上操作は期末に集中。脱税は本当に割に合わない？

とまあ、貫二は結局、脱税に手を出してしまったわけです。

実は、税務署から摘発される脱税者というのは、だいたいこのパターンなんです。税金のことをほとんど考えずに事業に一生懸命だった。で、事業が軌道に乗ったときにはじめて税金の多さに気付く。そのときにはもう節税のしようがない。そこで脱税に手を出してしまうわけです。

貫二がやったような「偽領収書を買う脱税」は、そうたくさんあるわけではありません。喪蔵福郎のような人に、そうそう出会うものではありませんからね（ただ偽領収書の販売業者というのは実際にいます）。

で、普通の人がやるのは、売上の計上時期をずらしたり、自分で架空の経費を作ったりしてしまうわけです。

よく税金関係の本などでは、「脱税は割に合わない」ということが書いてあります。脱税をしても、税務署にすぐに見つかってしまう。脱税が見つかったら追徴税として35％増しの税金を払わなければなりません。しかも、その額が大きければ（だいたい1億円以上）、刑事罰の対象となります。

だから脱税をしてはならない、というわけです。

それはだいたい当たっていると、私も思います。

脱税をしてもすぐに見つかるかどうかは、わかりません。脱税が見つかっていない人というのは、どんな統計にも出てきていないので、脱税の成功率がどの程度のものか、正確なことはわからないのです。もしかしたら、税務関係者の知らないところで、毎日、巨額の脱税をしている人がいないとも限りません。

ただ脱税が見つかるときのもっとも多いパターンというのは、期末に妙な操作をしているものなのです。

これは統計上にも出ていることです。

国税が発表する脱税白書に出てくるほとんどの脱税者は、期末に税金の多さに慌てて行った脱税なのです。

だから少なくとも、このパターンの脱税は割に合わない、ということがいえるのです。

貫二がどうなったかって？

もちろん、喪蔵福郎が言うように税務署に絶対ばれないようなことはありません。

確かに偽の領収書自体は、完璧なものでしょう。3月に倒産したばかりの会社の領収書なので、取引があったとしても不自然ではありません。

そして、税務署の調査官がこの取引が真実かどうかを先方に確認しようにも連絡はつかないのですから。

でも、それだけで脱税が成立するほど税務署は甘くないのです。

「その領収書は何の代金か？」

ということを徹底的に追及してくるでしょう。

架空の経費なので、貫二は何の代金かを明確に答えることはできません。「業務委託費」などとあいまいな回答をすれば、調査官は「何の業務委託ですか？」と追い討ちをかけてくるはずです。

貫二は、そのうち行き詰って真実を吐いてしまうことでしょう。

賢い経営者は、もちろん貫二のようなことにはなりません。

今どの位利益が出ているのか、簡単な損益計算書でつかむ

経営者にとって税金というのは、もっともバカバカしい支出なのです。利益に対して40%もかかってくるのですから。

中小企業の経営者、フリーランサーの方々というのは、日々の事業運営に忙しいものです。

営業のこと、仕事の進行のことで、頭がいっぱいでしょう。

だから実際、自分が今どのくらい儲けているのか、利益が出ているのか、わからなくなっていることも多いようです。

金がないときは金策に走り回り、お金がたくさん入ったときには、会社がやたら儲かっているような気になって、無造作に使ってしまいます。

そのことが「後で税金のことで頭を悩ませる」要因になることが多いのです。

節税の第一は予防です。

でも、この予防がなかなかできにくいのです。

経営者というのは、会社の日々の運営、資金繰りで精一杯であり、税金のことまで頭が

回らないことが多いからです。

だから本書は、日ごろ節税をしていなくても、決算ギリギリになってもできる節税方法も紹介しています。

ただし、いくらギリギリといっても、決算期までには、策を講じなくてはなりません。決算期を過ぎると、節税策はほとんどなくなります。せいぜい貸倒引当金の設定をするくらいです。

税金は一度確定すると、もう変えようがないのです。

そして決算期を過ぎると、税金はほぼ確定してしまうといえます。だから、少なくとも決算期までには、何らかの策を講じるべきなのです。

経営者、フリーランサーの方は忙しいでしょうが、少なくとも、今、自分がどのくらい儲かっているのかくらいは把握しておきたいものです。

具体的に言うならば、簡単な損益計算書くらいは、毎月つけておくべきでしょう。

これがあるのとないのとでは、税金対策がまったく違ってきます。

このままいけば税金がどのくらいになるのか、だいたいの推測がつくので、早めに税金対策を行うことができるのです。

また損益計算書を作ると、経営や金策の方法にも大きな違いが出てきます。

データを見ると、事業が客観的に見えてくるものです。

自分の頭に入っていると思っているデータでも、実際に表を作ってみると、今まで気づかなかったことがでてきたりするものです。

事業の利益が上がらないときは、えてして営業力や仕事の能力のせいばかりにしてしまいがちです。

でも損益計算書などのデータを眺めていると、意外な要因に気づいたりするものです。全然利益の上がっていない取引が見つかったり、経費の中で無駄に高いものがわかってきたりするからです。

小遣い帳や家計簿をつけるようになると、無駄遣いをしなくなるのと同じことです。データを作るということは、そういう効果もあるのです。

努力を惜しむな！　ほんの一手間で税金は全然違ってくる

私は自営業者や会社経営者の方と時々、お会いすることがありますが、税金が高い、という声を必ずといっていいほど耳にします。

事業がそれなりに運営できている経営者で、税金を負担に思っていない人はいないともいえるでしょう。

でもそれらの人が節税の努力をしているかどうかというのは、また別の話です。

不思議なもので、節税をしている人は、様々な節税策を日々研究していますが、節税をしていない人は、まったくしていません。

税理士か、税務署に任せっぱなしになっているのです。

税金というのは、ほんの一手間で、まったく変わってくるものです。

ほんのちょっとした節税策を施すだけで、税金は随分安くなります。今まで、節税策を施していなかった人ならば、なおさらです。

税金は、努力がゼロの場合と努力が1の場合の差がもっとも大きいのです。1の努力と2の努力はそれほど変わらないのです。

税金は高い、税金は自分の力ではどうにもならない、などと思わずに、何か一つでも節税策を講じるべきです。

本書に載っている節税策を一つでも使いこなせば、本書の代金の何十倍、何百倍の税金が簡単に節税できるのです。

生命保険に入るだけで税金が安くなるって、本当？

その女は、決まって昼下がりにやってきます。

ちょっと化粧は濃い目、妙に色っぽい。本当は30代後半くらいだけど、見ようによっては20代にも見えます。

「社長さん、ちょっといいかしら」

女が入ってくると、むさくるしい事務所はいっぺんに華やかになります。いつものように女の目配せ。他の社員にははずしてもらって、社長と二人きりに。

女はおもむろに切り出します。

女「ねえ、今日はどう？」

社長「う〜む……今日はちょっと」

女「なにがあるの？　何が不安なの？　大丈夫って言ってるでしょ。絶対変なことにはならないから」

社長「でも妻が気付いたら……」

女「なに言ってるの！　意気地なし！」

社長「そんなことといわれても。急には……」
女「絶対、大丈夫だって！　変なことには絶対、ならないから」
ちょっと、前置きが長すぎましたね。
賢明なる読者の皆様は、うすうすお気づきかも知れませんが、この女は保険のセールスレディーという落ちですな。この女、社長さんに、ある保険商品を奨めているわけです。
女「社長さん、税金は安いほうがいいでしょう？　この商品なら、保険の掛け金が全額経費に出来るのよ。そして何年か経ってから解約すれば、掛け金が90％も戻ってくるのよ」

「解約返戻金が異常に多い保険」は全額、経費で落とせるか

これは、昨今出回っている代表的な節税回避商品です。

生命保険には、昔から節税回避商品というものがあります。英語ではタックスシェルターなどといわれています。

どういうものかというと、その保険に入れば、保険の掛け金が経費で落とせる上に、掛け金のほとんどは貯蓄されていくわけです。

たとえば、こういうことです。

もし１００万円の利益が出ている会社が、その生命保険に加入したとします。年間１００万円の掛け金を払えば、税金はゼロになります。そして、年間１００万円の掛け金は、資産として蓄積していくわけです。10年経てば、１０００万円近くの貯蓄が出来る上に、その間の税金は払わなくていい、というわけです。

つまりは、会社の経費を使いながら、その分を貯金していける夢のような金融商品というのです。

ただ、甘い話には毒があるのが、この世の常です。

生命保険に入るだけで税金が安くなるなんて、そんな甘い話が実際にあるのでしょうか？

答えは、「あることはあるけれども、そううまくはいかない」ということになります。

というのは、この手の保険商品というのは、昔から開発されてきました。でも開発されるとすぐに、税務当局が新しい法律を作って、それを使えなくしてきたのです。

たとえば以前、こういう保険がありました。

生命保険の貯蓄部分が曖昧で、全額が損金で落とせる上に、貯金の代わりになるというものです。

生命保険には、保険部分と貯蓄部分があります。

で、会社が役員や社員を対象として生命保険に入っている場合、保険部分は経費に出来ますが、貯蓄部分は経費に出来ません。資産として計上しなくてはならないのです。貯蓄部分の保険料は、払えば払うほど会社は蓄財しているわけなので、当然、そうなりますね。

でも、保険部分と貯蓄部分があいまいな場合、保険料のうち、どの部分を資産に計上すべきかわかりません。

なので、そういう保険は、半分を会社の経費で落として、半分を資産計上するように定められていました。

そこに目をつけた生命保険会社が、事実上はほとんど貯蓄になっているのですが、一応、生命保険もついているという、「ほぼ貯蓄型生命保険」を作りました。

これに入れれば、保険料の半分は経費に出来る上に、保険料のほとんどは貯蓄されていくのです。

しかし税務当局は、そういう商品を野放しにしておくほど、お人好しではありません。

すぐに、「ほぼ貯蓄型生命保険」が使えなくなるように法律を改正して、この商品での節税はできなくなりました。

最近はまた、別種類の節税生命保険が出回っています。

どういうものかというと、「解約返戻金がメチャクチャ多い生命保険」です。

生命保険というのは、解約したときに返戻金が出ます。普通の解約返戻金というのは、スズメの涙ほどのものです。でも、この商品は、解約返戻金が異常に多いのです。掛け金のほぼ9割が解約返戻金で戻ってくるのです。

この生命保険には、貯蓄部分がありません。それが実はミソなのです。貯蓄部分がない生命保険、つまり全部が保険部分の生命保険は、全額、会社の経費で落とせます。

でもこの生命保険は、中途解約したときには、多額の返戻金があります。つまり、この生命保険は、貯蓄型ではないと言いながら、実質的には、返戻金という名目で貯蓄できるようになっているのです。

会社は、税金がたくさんかかりそうなときに、この生命保険に入ります。保険料はすべて経費に出来ますので、利益を減らすことができ、必然的に税金も減ります。そして、何年かして解約すれば、保険料はほとんど戻ってくるのです。

いやあ、よく出来たものです。

でもね、でも、さっき言いましたように、こんな商品が出回ればすぐに税務当局は網をかけます。この新商品もまだ出回って数年しか経っていませんが、もうすでに税務上の取り扱いが改正される予定です。この商品で節税することは、近々、不可能になってしまうのです。

生命保険の節税商品というのは、今までずっとこのパターンをたどってきました。だから節税商品を買っても、いざ節税するという段階になったときに、税法が変わって節税できなくなっている、儲かったのは保険会社だけ、ということが多いのです。

昼下がりに色っぽい女性が突然現れて、何の見返りも求めずに愛人になってくれる、そんな都合のいい話は世の中にはないのです。

5章

消費税を永遠に払わない方法
抜け穴だらけ?

抜け穴が一杯。消費税は払わないですむ？

中小企業にとって、消費税もまた頭の痛いものです。

「消費税は消費者が負担するものだから、事業者は関係ないじゃないか」

と思っているあなた。

すっかり国の口車に乗せられていますね〜。

確かに、消費税は消費者が負担するっていう建前になっています。

でも、消費税を実際に納付するのはだれですか？

事業者でしょう？

で、事業者はどこの金を納付しますか？

自分の手元にある金を納付しなければならないでしょう？

消費税は、その税金分を価格に転嫁することになっていますが、場合によってはそれができない場合も多いんです。

中小企業の場合は特にそうです。

普通の人を相手にする商店などでは、価格は簡単に転嫁できます。価格に5％上乗せしてお金をもらえばいいだけですからね。

お客さんの方も、5％は消費税だってわかっているから、それで文句を言ったりはしません。

でも、企業相手の商売をしている人はそうはいきません。

たとえば、建築設計をしている会社。

「200万円でやってくれ」

と建設業者から言われたとします。

この200万円には、果たして消費税が含まれているのかどうか。もちろん、普通に考えれば、200万円プラス5％の消費税で請求書を出します。でももしかしたら、建設業者からこういわれるかもしれません。

「えっ？　消費税もつけるの？　消費税も入れた金額のつもりだったんだけど」

そういわれれば、消費税分は削るしかありません。

そういうことってけっこう多いんです。

消費税が5％ということは、物やサービスの値段を5％引き上げるということなんだけれど、それは実質的に値上げなわけです。その値上げ分を、税金として徴収するというのが、消費税の趣旨というわけです。

でも力の弱い企業、景気のよくない業種などは、消費税がかかってるからって、そのまま5%値上げできるものではないんですよ。

ただね、この消費税って不思議な仕組みがたくさんあるわけです。その不思議な部分をうまく利用すれば、節税になったり、税金を払わなくなったりすることもあるんです。そういう方法をこれからご紹介しましょう。

ポイント

・消費税は、立場の弱い事業者は自腹を切る事も多い。
・消費税には抜け穴がたくさんある。

消費税を4年間払わない裏ワザ、教えます

消費税の不思議な仕組みの最たるものは、免税期間というヤツです。

消費税というのは、年間売上が1000万円以上の事業者が払わなくてはならないことになっています。

売上が1000万円以上かどうかというのは、前々年の売上をもとに判定するんです。その年の売上が1000万円以上になるかどうかってことは、わからないこともありますからね。過去のデータで判別するってわけです。

でも、事業を始めたばかりの企業は、年間売上がいくらなのかはわかりません。そういう場合はどうなるかというと、2年間は消費税が免除されるんです。

前々年の売上がない事業者、つまり開業してから2年以内の事業者は消費税を納めなくていいのです。ただし資本金1000万円以上の会社ははじめから消費税を払わなくてはなりません。

まあ、ここまでは、よく知られた話です。

で、ここからが裏ワザ的になるわけですが、実は、消費税では、同じ事業であっても、法人と個人ではまったく別ものとして扱われるんです。

どういうことかというと、毎年3000万円の売上がある個人事業者が、会社を作りました。

この会社は、はじめから消費税を払わなければならないかというと、そうではないんです。

個人事業者のときに売上が3000万円あったとしても、会社にすれば、それはまったく換算されないんです。

個人事業者が会社を作るって、よくあることですよね？

事業の形態はまったく変わらない、ただ登記をして会社にしただけ。それでも、消費税の上では、両者はまったく別物として扱われるんです。

だから、事業を始める場合、はじめは個人事業者で行い、2年後に資本金1000万円未満の法人を作れば、4年間は、消費税を免除されることになるのです。

さらに言うならば、はじめの2年間は個人事業者、次の2年間は会社、その次の2年間は個人事業者に戻す。それをずっと繰り返せば消費税は永遠に払わなくて済むんです。

まあ、そこまでやれば「この事業者は課税を逃れるためだけに、個人事業と会社を使い分けている」と言って、税務署からイチャモンをつけられて課税されるおそれがありますけどね（ただ、組織変更に合理的な理由があれば認められます）。

事業を始めようと思っている人は、ぜひ参考にしていただきたいものです。

普通の事業者なら、まず個人事業で2年間、そして会社組織にするっていうのが、ベストだと思います、消費税的には。

ポイント

・新規事業者（資本金1000万円未満）には消費税は2年間の免税期間がある。
・個人事業者が会社を作った場合、個人事業者時代の売上は換算されない。

消費税を納めないどころか、消費税で儲ける方法がある

前項では、事業開始から2年間、消費税は納めなくていいということを述べました。

「事業を始めてから2年間は消費税を納めなくていい。2年後に会社にすれば4年間納めなくていい。ラッキー！」

と思ったあなた。

ちょっと気をつけなくてはならないことがあります。

というのは、消費税って払うばかりではなく、儲けることもできるんです。が、事業開始から2年間免税にしてしまうと、その儲け話がなくなってしまうんです。

というのは消費税は、「売上の消費税－仕入（経費含む）の消費税」の残った分を納付することになっており、もしその計算が赤字になれば、その分が還付されるんです。

ここで、消費税の基本的な仕組みについてお話しましょう。

100円のパンを1個買えば、5円の消費税を払わなくてはなりません。しかし、パン屋さんは、この5円の消費税を、そのまま納めるわけではないのです。

というのは、パン屋さんは、パンを作るときに、消費税を払っています。小麦粉代などの材料費、水道、光熱費などに、消費税がかかっています。消費税というのは、「消費者が負担するもの」という建前になっていますので、パン屋さんは、消費税を負担しなくていいのです。だから、パンを作るときにパン屋さんが払った消費税は、納付するときに、差し引くことができるのです。

100円のパンの原価を60円としますと、パン屋さんは原価に対して、消費税3円を払っています。これをパンを売ったときに消費者から預かった5円の消費税から差し引きます。

5円－3円＝2円

この残りの2円を税務署に納めるのです。

で、パン屋さんが支払った消費税が3円ではなく6円だった場合、消費税は、

5円－6円＝－1円

となります。

このマイナス1円は、税務署から還付されることになるんです。

「売上より原価の方が高くなるなんてことはないから、そんなことはあり得ないだろう」と思った方も多いでしょう。

確かに、売上より原価の方が高くなるなんてことはあまりありません。そんなことになれば、商売上がったりですからね。

でも消費税っていうのは、売上や、原価にだけかかっているものではないのです。固定資産を買ったときにも消費税は支払うでしょう？

たとえば、パン屋さんであれば、オーブンやらキッチンやら配達車を買ったときに消費税がかかっているはずです。そのときの消費税も差し引くことが出来るんです。

つまり、高い買い物をしたときには、消費税は納付じゃなくて還付になることも多いんです。

で、事業を開始したときって、高い買い物をすることが多いでしょう？

いわゆる初期投資ってヤツです。どんな事業でも、最初は内装、施設の設置、備品の購入やらで金がかかるはずです。

で、事業を開始したときって、売上はあまり上がらない場合が多いでしょう？

つまり、事業を開始したばかりのときは、売上はあまりないのに、金はたくさん使う。売上のときに預かった預かり消費税よりも、支払い消費税の方が大きくなるケースもあるわけです。

そういう場合には、消費税が還付されるんです。

たとえば、初期投資に１０００万円かかったとします。それだけで、消費税は50万円も支払っています。その年の売上は５００万円で、預かり消費税は25万円。仕入は３００万円なので、仕入れでの支払い消費税は15万円。

となると、消費税の計算は次のようになります。

25万円－15万円－50万円＝－40万円

つまり40万円も消費税が還付されるわけです。

「でも事業を開始してから2年間は消費税を払わなくていいんだから、還付も受けられないんじゃないか？」

確かに原則としてはそうです。

でも事業開始から2年間であっても、消費税の還付を受ける方法はあるんです。

それは、あえて事業開始から消費税の課税事業者になる、ということです。事業開始から2年間は、免税業者ということになっています。でも、あえて免税事業者は辞退する、課税事業者になる、ということも出来るんです。

それは、事業を始める前に「課税事業者の届出書」という紙を税務署に出せばOKなんです。

ただこの届出書を出してしまえば、消費税の計算がマイナスにならなければ、消費税を納付しなければなりません。くれぐれも初期投資と最初の売上をシミュレーションしておきましょうね。

ポイント

・消費税は還付になる事もある。
・新規事業者は還付になりやすい。

・免税期間であっても届出をすれば課税事業者になれ、還付が受けられる。

簡易課税が損な事業者、得な事業者が簡単にわかる方法

消費税のもう一つ大きな不思議に、簡易課税というものがあります。

消費税というのは、売ったときに客から預かった消費税から、仕入れなどのときに支払った消費税を差し引いた残額を税務署に納める、ということは、さきほど述べました。でも、支払った消費税をいちいち計算するのは面倒。なにかと忙しい事業者にとっては、負担です。

ということで、年間売上が5000万円以下の事業者には、簡易課税という計算方法が認められているんです。

簡易課税というのは、支払った消費税をいちいち計算せずに、「みなし仕入れ率」というものを使って、消費税の額を簡単に計算していいですよ、というものです。

たとえば、3000万円の売上がある小売業者の場合、簡易課税を使えば、小売業者の「みなし仕入れ率」は80%なので、3000万円の80%が仕入れとみなされます。つまり仕入は2400万円ということに、自動的に決められるわけです。

だから、売上3000万円のときの預かり消費税は150万円で、仕入れ2400万円の支払い消費税は120万円なので、差し引き30万円を納付すればいい、ということです。

みなし仕入れ率というのは、業種によって次のように決められています。

卸売業	90％
小売業	80％
製造、建設業	70％
飲食店など	60％
不動産、サービス業	50％

「簡易課税」は計算も簡単だし、けっこう有利に出来ている。だから売上が5000万円以下ならば、あまり考えずにこれを選択している場合も多いようです。

でもね、必ずしも簡易課税が有利とは限らないんです。

たとえば、小売業でも薄利多売で、仕入れ値に10％程度の利益をつけて売っているような場合は、仕入率は80％を超えることもあります。そういう場合は、簡易課税を選択するより、普通の方法でやったほうが消費税は安くつくのです。

またホームページの作成業をしている企業の場合、サービス業になるので、みなし仕入率は50％しかありません。ホームページ作成業などは、人件費の割合が高く、仕入などは少ないので、普通であれば簡易課税を選択したほうがいいでしょう。

でも作業のほとんどを外注に出しているような企業は、ちょっと考えなくてはなりません。外注費は課税仕入に入れることができるからです。もし、人件費よりも外注費の方が大きいような場合は、簡易課税を選択しないほうが有利になる可能性が高いのです。

簡易課税は、一度選択すれば2年間は変更できません。だから、簡易課税の方が得になるかどうかっていうのは、事前にしっかり確認しなければなりません。

「事前に確認するって言っても、いちいち計算するのは大変だよ」

そういう方のために、簡易課税が得になるかどうか、簡単にチェックする方法をご紹介しましょう。

それは経費全体に対する人件費の割合がどのくらいか、をチェックするのです。そして人件費の割合と、みなし仕入率を足して、１００を超えたら簡易課税を選択した方が有利ということになります。

たとえば、ある小売業者の人件費が、経費の30％あったとします。小売業者の「みなし仕入れ率」は80％なので、30％プラス80％は１１０％となり、簡易課税を選択した方がいいということになります。

なぜこういう計算式が成り立つかというと、事業の経費の中で、「支払い消費税」がないのは人件費だけだからです。

つまり、同業者と比較して人件費の割合が高い事業者は、簡易課税を選択したほうがいいということです。

ポイント

・簡易課税は必ずしも得をするとは限らない。
・同業の中でも人件費の割合が高い事業者は簡易課税にしたほうが得になる可能性が高い。
・簡易課税は一度選択すると2年間は変更できない。

会社を分割すれば消費税の節税になるか？

会社を分割すれば、消費税の節税になる、ということが時々いわれます。

消費税は売上の免税点があるので、会社を分割して売上を免税点以下にしてしまえば、消費税は払わなくていい、というものです。

ただこの節税方法は現在はあまり使い勝手がよくありません。

というのは、現在は、消費税の免税点は1000万円です。

平成16年までは免税点が3000万円だったので、会社を分割すれば免税点以下にすることはけっこう出来ました。

でも1000万円だったら、かなりキツイでしょう。また分割しても、そう大きな節税は出来ないのです。

たとえば売上1900万円の会社を、売上950万円の会社二つに分割したとします。売上1900万円に対してかかってくる消費税は最大でも95万円です（課税仕入がまったくなかったとした場合）。でも課税仕入がまったくないということは考えられないので、課税仕入が5割あったとすれば47万5000円です。

つまり、会社を分割しても47万5000円しか節税できないのです。

会社を分割するという事は、会社をもう一つ作るということなので、それなりに経費がかかります。47万5000円くらいの節税ではとても割に合わないといえるでしょう。

ただし、簡易課税を使うために分割するというのは、それなりに効果があるかもしれません。

経費のほとんどが人件費のような会社は、簡易課税を使えば、消費税の大きな節税が出来ます。

簡易課税を使うには、売上が5000万円以下でないとならないので、売上9000万円くらいの会社を二つに分割するのは、節税効果があるといえます。

ただし、会社を分割する場合、それなりの合理的な理由が必要となります。二種類の事業を営んでいる会社が、その事業ごとに会社を作る、というような。そして事務、経理や社員などもきちんと分割しなければなりません。

もし合理的な理由がなく会社を分割して、名義上は2社だけれども、事実上は1社というような場合は、「消費税逃れのための会社分割」とみなされ、追徴課税をくらうことになります。

実際に、このパターンで追徴課税された会社もあります。

まあ、消費税のためだけに会社を分割するというのは、あまりメリットもありませんしね。

ポイント

・会社を分割すれば消費税の節税になることもある。
・会社を分割する場合は、合理的な理由がなければならない。

6章

知らないと損をする税金の裏知識

申告が間違っていた時、払いすぎていた時、どうする？

作ったばかりの会社や急成長中の会社では、申告までに時間が無いという人も多いかもしれません。税金の申告というのは、決算期のすぐ後にあるものなので、何かと忙しいことが多いものです。

もう少し時間があれば、ちゃんと領収書の整理や、経費の計算もできるのだけど、もう申告期限が迫っているので、「これで出すしかない」と思って、中途半端な状態で出してしまい、後で申告の間違いや、納めすぎに気付いてしまう経営者も多いでしょう。

そんなとき、どうすればいいか？

申告が間違っていた場合、納める額が少なかったときは「修正申告」を、納めすぎになっている場合は「更正の請求」をすればいいのです。

修正申告というのは自分の出した申告書に誤りがあった場合、それを後日修正して申告できる、というものです。

修正申告というと、税務署から申告書の間違いを指摘されて提出するもの、と思っている人もいるかもしれませんが、決してそうではありません。

修正申告というのは、基本的には申告に誤りがあった場合、納税者が自発的に修正する申告書のことです。

納税者が自主的に修正申告をした場合、過少申告加算税（5％）は課せられません。延滞税（年率14・4％）はかかってきますが。

もし税務調査で間違いが発見されて、税務署の指示で修正申告を提出させられた場合、過少申告加算税が課せられてしまいます。だから、間違っているのがわかった場合は、なるべく早く自分で修正をしたほうがいいのです。

そして税金を納めすぎた場合は、その証拠となる資料を提出し、「更正の請求」をします。「更正」というのは、税務署が税金を新たに取り立てる場合に出す処分のことですが、税金を還付するときにも行われます。その「更正」を税務署にこちらからお願いする、というわけです。

なにやら面倒臭いんですが、手続き上そういうことになっているんです。

もし申告書が期限内に間に合わず、期限後の申告になってしまえば、納税額5％の無申告加算税や延滞税が課せられます。期限に間に合いそうにもないときは、とにかく申告だけはしておいて、後でやり直したほうがいいのです。

ポイント

・申告が間違っていた場合、自分でやり直すことができる。
・納める税金が少なかった場合は「修正申告」、納めすぎていた場合は「更正の請求」をする。
・申告が間に合わなかったら、無申告加算税5％を取られてしまう。

会社組織にすれば本当に税金が安くなるのか？

事業を始めるとき、まず、その事業を会社組織にするか、個人事業にするか、という問題があります。

多くの人は、事業を始めるには会社にしたいと思うでしょう。

一般的には会社にしたほうが、税金が安くなるといわれています。会社のほうが社会的な体裁もいいし、昨今では非常に安い金額で会社を作ることが出来ます。

でも会社にするにあたっては、頭に入れておかなくてはならないことがあります。

まず第一に、基本的に会社の方が税率は高くなるということです。

会社というのは、会社そのものに、法人税と法人事業税というものがかかってきます。これは、会社に利益が出れば、必ずかかってくるものです。そして、その上で、会社から給料をもらうことになるあなたにも所得税、住民税がかかってきます。

個人事業ならば、法人税はかかりません。所得税と住民税、それに事業税です（事業税は場合によっては払わなくて済みます）。

会社というのは、節税策がたくさんあるので、方法によっては個人事業よりも税金は安くなります。

個人事業者が事業を法人化する理由の一つに、節税があります。うまくやれば会社の方が個人事業よりも税金はかなり少なくなります。

でもそれは、会社として経理などがきちんと整っている場合のことです。帳簿類がちゃんと整備されて、様々な節税策が講じられたときに、はじめて会社にしたほうが税金が安くなる、という状況が生まれるのです。

帳簿、経理を整備するというのは、けっこう大変です。

経理の知識がまったくない人が、いきなり会社の経理をやるというのは、少し問題があります。

もし、経理の経験がまったくない人が会社を作るならば、経理担当者を雇うか、税理士に頼まなければ、ちゃんとした決算や帳簿はなかなか作れないでしょう。

経理は、そう難しいものではないので、相当の時間、労力をかければ可能ですが、事業を始めたばかりの経営者が、それだけの時間と労力の余裕を作るのはかなり大変だと思われます。

経理担当者を雇ったり、税理士に頼んだりするとかなりお金がかかります。その費用を払っても、節税のメリットがあるかどうかです。事業の規模が大きければいいですが、それもなかなか難しいでしょう。

だから私としては事業を始めるときに、闇雲に会社組織にすることはあまり勧めません。経理に関してそれなりの知識や準備が出来ている人、もしくは資金的な余裕がある人ならば大丈夫ですが、そうではなく、とにかく事業を始めてみたい、というような人はまず個人事業から始めてみたほうがいいのではないか、と思います。

個人事業の場合は、経理に関しては会社ほど大変ではありません。

小規模事業者（だいたい年収1000万円以下）の白色申告者ならば、事実上、記帳の義務はほとんどありません。

税務署は、会社というのは、経理はできて当たり前という感じで接してきますが、個人事業の場合は、経理が初心者の人もいる、ということが前提で接します。経理初心者のための指導も行われています（青色申告会など）。

個人事業を始めて、その事業がある程度続けば、嫌でも若干の経理の知識はつきます。そして、ある程度軌道に乗れば、節税策その他のために、会社組織にすればいいのです。

ポイント

・会社にすれば節税方法が増えるというだけであり、自動的に税金が安くなるわけではない。
・経理初心者では個人事業の方が税金は安くなる。

本当に青色申告は得か、白色申告の方が得か？

事業を始めて、事業所得税や法人税の申告をする場合、青色申告にするか、白色申告にするか、という問題がまず生じます。

税務署や税理士、税金マニュアル本などでは、必ずといっていいほど、青色申告をすすめています。

しかし私は、すべての事業者が青色申告にしたほうが有利だとは思いません。

青色申告と白色申告がどう違うのか、会計になじみのない人には、わかりにくいものです。まず青色申告と白色申告の特徴を説明しましょう。

青色申告というのは、一定の要件を満たした納税者が、自分で「青色申告を選択します」という届出を出して、税務署からそれが認められた場合に可能となる申告方法です。

白色申告とは、青色申告の届出をしていない人の申告方法です。

青色申告の主なメリットは、次の通りです。

①65万円の所得控除が受けられること（簡易記帳の場合は10万円）

②家族を従業員にした場合、その給料が普通に払えること（白色の場合は85万円まで）

③事業の赤字を3年間繰越できること

①の所得控除の65万円というのは、私はそれほど魅力的とは思いません。

税率10％の人ならば、節税額は6万5０００円であり、住民税と合わせても10万円程度です。青色申告の場合、経理に大きな負担がかかり、場合によっては税理士に頼まなくてはならないので、10万円の節税では元が取れないのです。

②の家族に給料が払えることと、③の事業の赤字を3年間繰り越せるということは、それなりに魅力があります。

どちらも使いようによっては、大きな節税ができるからです。家族を従業員に出来る状態にある人、開業当初は赤字が続きそうな人は、このメリットでかなりの節税ができるでしょう。

次に青色申告のデメリットを述べましょう。

①記帳が大変なこと

②税法上の制約が大きくなること

以上の二点が青色申告の大きなデメリットです。

①の記帳の大変さについてですが、青色申告は、どのくらいのレベルで記帳をしていないとならないかというと、原則として複式簿記を行い、関係帳簿をほぼ完全に整備しておかなければならないということです。

これは、会計初心者にとっては、かなり大きな負担です。税務署や青色申告会（税務署が肝いりで作った会計指導団体）などでは、記帳の指導も行っていますが、複式簿記を素人が自分だけで作るのは事実上無理であり、税理士に頼む必要が生じると思われます。

今、複式簿記ってなに？　と思った人。そういう人が複式簿記を作るのは、本当に難しいのです。

青色申告の制度には、簡易な記帳の方法も認められていますが、これもそれなりに難しいのです。そして簡易の記帳では、所得控除の特典が65万円ではなく、10万円になってしまいます。

税率が10％の人ならば、たった1万円の節税にしかなりません。青色申告で簡易の記帳をとるくらいならば、正式の青色申告にしたほうがいいでしょう。

また②の税制上の制約が大きくなることについてですが、青色申告の場合は、ちょっとした誤りでも、不正計算とみなされ、重加算税の対象となりやすくなるのです。

白色申告ならば、「うっかり忘れていました」という言い訳が可能ですが、青色申告の場合は、故意に税金を逃れたとして、重加算税などをかけられる可能性が高くなるのです。

また家族従業員の給料にしても、白色申告の場合は、経費として認められない代わりに、自分の収入から家族にいくら払おうが、もらった家族には事実上税金がかかってきません。

だから、ドンブリ勘定でやっている家族事業者などは、白色申告だったほうが有利になっているケースが多いのです。

青色申告を選択する要件として、私は次の三点を挙げたいと思います。

次の三点のうち、一つでも該当するものがあれば、青色申告は有利であり、そうでなければしばらくは白色申告でいいのではないか、と私は思います。

①記帳や経理について、しっかり出来るというメドがついており、細かい節税策を講じる用意があること

②家族を従業員にする可能性があること

③当面、赤字が見込まれること

ただし、会社組織の場合は、青色申告を選択するべきでしょう。

会社の場合は、税金対策のことがなくても、経理関係は整備しておかなくてはなりません。どうせ記帳をきちんとしなければならないのなら、特典のある青色申告を選択したほうがいいでしょう。

ポイント

- 青色申告とは、経理をきちんとすることによって税金の割引が受けられる制度。
- 青色申告をするには、かなりの経理技術を要するので、納税者の負担も大きい。

複式簿記ができない人は会社を作るな。5年と持たない

自分で事業を始めて、自分で税金の申告を行う場合、ある程度の記帳はどうしても必要になってきます。

しかし、どの程度まで整備しておかなくてはならないか、ということについては、なかなかわかりにくいと思われます。

まず、事業を始めるとき、自営業（つまり個人事業者）で、白色申告者であった場合。

この場合は、現金出納帳と簡単な損益計算書くらいは作りたいものです。

白色申告者の場合、所得が３００万円未満であれば、税法上の記帳義務はほとんどありません。

所得というのは、大雑把に言えば、売上－経費のことなので、だいたい売上が１０００万円以下の人までは、記帳はほとんどしなくてもいいということになります。

でも税法上は必要としなくても、事業の経営上は必要だと思われるからです。

また、所得が３００万円未満の白色申告者でも、税務署の調査や指導が稀に行われることがあります。

このときに、帳簿があるのとないのとではまったく違ってくるのです。帳簿がまったくなければ税務署から推計で課税され、何も文句が言えないような状況になりがちなのです。

次に、事業が自営業者（個人事業者）で、青色申告者の場合。

青色申告というのは、記帳をちゃんと行う代わりに、若干の税金上の特典が与えられるというものです。青色申告になるには、税務署への届けが必要で、税務署の許可が下りたときに、青色申告者となります。

青色申告者になったときに、税務署からいろいろ説明を受けるはずだとは思いますが、青色申告の場合は、所得がいくらであろうと、それなりに帳簿をそろえておかなければなりません。

原則として、複式簿記（損益計算書、貸借対照表）での決算を組む必要があります。

私としては、個人事業者で青色申告者になるくらいならば、法人組織（会社）を作った方がいいと思います。日々の事務的な手間はほとんど変わりませんし、法人組織（会社）の方が節税策がたくさんあるからです。

最後に法人組織（会社）であった場合。

この場合は、もうほぼ完成した形の記帳が必要だといえます。具体的に言えば、複式簿記による記帳での損益計算書、貸借対照表の作成です。

これは、税務申告のためだけではなく、社会保険その他の公的機関や銀行との取引のためにも必要ですので、会社にとっては、必須事項だといえるのです。

逆に言うならば、複式簿記ができないようならば、会社の設立は思いとどまったほうがいいでしょう。

私が税務署員をしているとき、複式簿記の記帳もせずに、申告をしようとしていた会社をいくつも見かけましたが、そういう会社が5年と続いた例は見たことがありません。

現在、会社は非常に少ない資金で設立できるために、会社の設立がブームのようになっています。しかし、会社を作ることはだれにでも出来ますが、運営し続けるには、それなりの能力が必要なのです。

まだその能力がない場合は、まず自営業、フリーランスの形態から始めて、能力を培ってから会社にしたほうがいいのではないか、と私は思います。

ポイント

・会社を作るには、かなりの経理の技術が必要になる。

税理士、マニュアルを過信するな！

節税策は、数多くあります。

節税関係本は、たくさん市販されていますし、そこに紹介されている節税策は数限りなくあります。

しかし、どの業種、業態にも通用する万能の節税策はあまりないのです。

ある業種には非常に有効な節税策でも、自社ではまったく使えないものもあります。

たとえば、従業員の給与を使った節税方法は、企業にとって非常に有効なものですが、社長一人の会社や、フリーランスの人にはまったく使えません。

また自分には使えないと思っていた節税策でも、ちょっとアレンジを加えれば、有効な節税策になることもあります。

たとえば、社長一人の会社では、福利厚生費など使えないと思っているかもしれませんが、要件さえ満たしていれば、ちゃんと費用として計上できるのです。

本書で紹介した節税策には、どういう業種に適しているかや、どんなアレンジができるかも説明しています。

しかし、本書で述べた以外の業種にも有効な場合もあるでしょうし、本書で紹介したもの以外のアレンジも可能でしょう。

その辺は、賢明なる読者諸氏の臨機応変な対応を望みたいものです。

自分に合った節税策を採用すること、その節税策の基本的な考え方を理解し、自分に合ったものにアレンジすることが、上手な節税の第一歩だといえるのです。

また税理士に申告を頼んでいる会社やフリーランサーの方も多いと思います。税理士は、税務署に比べれば、節税策を指南してくれる機会は多いといえます。しかし、これも、必ずしも万能ではありません。

税理士に頼むといっても、期末の申告書作成だけをお願いしているのであれば、機械的に申告書を作成されるだけの場合がほとんどです。

税理士に定期的に指導してもらっている場合も、税理士の能力、日ごろの勉強の度合いなどで、効果的な節税策を指南してくれるか否かは、大きく違ってきます。税理士によっては、最近の税務事情に疎い場合もあり、そういう税理士は、節税策についての知識も乏しいのです。

ただし、税理士も顧客から尋ねられたことについては、勉強をしてくるものです。だから、税理士には積極的に節税策を尋ねた方がいいでしょう。

それも、ただ漠然と「どうすればいい節税になりますか」という聞き方ではなく、「人件費で節税したい」「交際費で節税したい」などと具体的な項目を尋ねてみるといいでしょう。

「税理士に任せているのだから、節税はそれでOK」

などと思わず、自分でも節税策を研究していたほうが、いい節税策や、税理士のいいアドバイスを受けられるといえます。

ポイント

・節税方法は、自分に合ったものにアレンジする。
・税理士に任せておけば安心、ということはない。

税金は恐れず侮らず。あなたも税金の達人になれる

経営者の方や自営業、フリーランサーの方、特にまだ開業して年数があまり経っていない方は、税金に関して戦々恐々とされている方も多いでしょう。

税務申告経験の浅い人というのは、まったくの「いい加減」か、真面目すぎるほど几帳面かのどちらかになる傾向があります。

まったくのいい加減の場合、決算書はおろか、申告書もまともに記載されておらず、税務署が処理に困るようなことも多いのです。

いい加減な申告は、節税になっているかというと、必ずしもそうではありません。いい加減な申告では、みすみす余計な税金を払っていたり、還付されるものを放置したりしているケースも多いんです。

また、税務調査に来られて手痛い追徴課税を食らうケースも多々あります。

几帳面な場合は、申告書のマニュアルを何冊も購入し、税務署に相談しつつ申告書を作る、という方が多いようです。

これはもちろん、自分で税務申告を行うときの王道だといえますし、悪いことでは決してありません。

でも税務署は積極的に節税の方法を教えてくれるものではないし、市販の申告書のマニュアルでも、踏み込んだ節税法はあまり書かれていません。

税務申告初心者の方々へのもっとも妥当なアドバイスは、

「恐れず侮らず」

ということだと私は思います。

税務申告を恐れすぎて、せっかくの節税策を見逃したり、臨機応変な処理ができなければ、税金は非常に高くなります。

でもどうせ個人事業者の申告などまともにチェックしないだろうと、いい加減なことをしていると、思わぬときに手痛いしっぺ返しを食らうことになります。

また、開業間もない方々というのは、どうしても事業がうまく行くかどうかばかりに目が行き、税務申告のことまで考えていないことが多いようです。

それは無理もありません。

しかし税金のことにまったく配慮していなければ、事業がうまくいっても、その利益の大半を税金でもっていかれることになりかねないのです。

経営者は、その点、肝に銘じておくべきです。

税金は事業がうまくいってほっと一息つこうとしたときに、いきなり押し寄せてくるものなのです。

ポイント

- いい加減なことをしていれば節税になるとは限らない。
- 節税は思い切りが大切。

あとがき

今、日本は深刻な問題をたくさん抱えています。

年金問題、財政赤字、少子化問題……。

どれをとっても、待ったなしの問題。

でも、政治家も官僚もこれらの問題に本気で取り組んでいるとは思えません。いや、取り組んでいることは取り組んでいるのだけど、まずは自分の権益確保が先になってしまう。そうこうしているうちに大事に至ってしまった。国家が破たんするときというのは、そんなときなのかも知れません。

これらの問題は、すべて政治家や官僚に責任があるわけです。が、国民にも責任がないとはいえません。今まで文句を言ってこなかったこと、黙認してきたこと、それが政治家や官僚を増長させてしまったのです。

政治というのは煎じつめれば、税金をどう取りどう使うか、ということです。今、日本がたくさんの問題を抱えているのも、とどのつまりは税金の取り方、使い方が悪かったというわけです。

今の日本で税金を払うことほど、ばかばかしいことはありません。徴収の不公平、支出の無駄遣いがまったく改められていないからです。今の欠陥税制の中で、税金を納めることは、今のシステムを維持することにつながります。少しでも税金を払わないようにすることは、それはあなたのためでもあり、国のためでもあるのです。

複雑な税金を少しでもわかりやすく、即効性メリットのある形で紹介したい、というのがこの本の趣旨です。本書を読んでいただいた方々の税金が少しでも安くなり、税金に関する知識が深まれば、筆者としてこれに勝る喜びはありません。

最後に、本書を読了していただいた皆様、本書の制作に携わっていただいた方々にこの場を借りて御礼を申し上げます。

著者

■大村大次郎著・好評既刊（あっぷる出版社刊・税込各1575円）

「決算期直前でも税金は裏ワザで9割安くできる」
——決算ギリギリの駆け込み節税策

「新会社法でとことん税金を安くする！」

——頭のいい社長は税金を払わない

「脱税調査・ないしょ話」
——税務署が教えたがらない税金の秘密&裏ワザ

「ビートたけしは「財テク」の天才だった」
——天才たけしに学ぶ賢いお金の貯め方・使い方

著者紹介

大村大次郎（おおむら・おおじろう）

1960年生まれ。大阪府出身。主に法人税担当調査官として10年間国税に勤務する。現在、経済犯罪関係や脱税関係の執筆を行っている。著書に「決算期直前でも税金は裏ワザで9割安くできる」「新会社法でとことん税金を安くする！」「税務署なんか怖くない」「脱税調査・ないしょ話」「ライブドアショック・謎と陰謀」「ビートたけしは財テクの天才だった！」（共にあっぷる出版社）ほか多数。

大村大次郎公式ブログは以下。

http://blog.goo.ne.jp/oomuraoo

税金は「裏ワザ」で9割安くなる

発　行　2007年11月29日第1刷
　　　　2008年10月19日第12刷

定　価　本体1500円＋税

著　者　大村大次郎

発行人　北原　章

発行所　株式会社　あっぷる出版社

〒101−0064　東京都千代田区猿楽町2−5−2
小山ビル2F

TEL　03（3294）3780代表

FAX　03（3294）3784

振　替　00150−4−165255

印刷・製本　中央精版印刷株式会社